O Teatro Brasileiro Moderno

Coleção Debates
Dirigida por J. Guinsburg

Equipe de Realização – Revisão: Mary Amazonas Leite de Barros; Produção: Ricardo W. Neves e Sergio Kon.

**décio
de almeida prado**

O TEATRO
BRASILEIRO
MODERNO

 PERSPECTIVA

Dados Internacionais de Catalogação na Publicação (CIP)
(Câmara Brasileira do Livro, SP, Brasil)

Prado, Décio de Almeida, 1917-2000.
O teatro brasileiro moderno / Décio de Almeida
Prado. -- São Paulo : Perspectiva, 2009. -- (Coleção
debates / dirigida por J. Guinsburg)

Bibliografia.
2. reimpr. da 3.ed de 2007
ISBN 978-85-273-0086-5

1. Teatro - Brasil - História - Século 20 2. Teatro
brasileiro - História e crítica I. Guinsburg, J.. II. Título.
III. Série.

07-7167   CDD-792.0981

Índices para catálogo sistemático:
1. Brasil : Teatro : História, 1930-1980
792.0981

3ª edição – 2ª reimpressão

[PPD]

Direitos reservados à
EDITORA PERSPECTIVA LTDA.

Av. Brigadeiro Luís Antônio, 3025
01401-000 – São Paulo – SP – Brasil
Telefax: (0--11) 3885-8388
www.editoraperspectiva.com.br

2019

SUMÁRIO

Prefácio 9
O Teatro Brasileiro Moderno 13
Bibliografia Crítica Complementar 141
Índice Onomástico 145

PREFÁCIO

Este livro retoca em alguns pontos e expande em muitos outros o ensaio que publiquei, sob o título "Teatro: 1930-1980", na *História Geral da Civilização Brasileira*[1]. Os acréscimos agora feitos referem-se, quase todos, à literatura dramática, chamada comumente de *drama* em inglês, em oposição a *theatre*, que seria a parte relativa ao espetáculo. Valendo-se desses dois termos como de balizas cômodas, diria que o meu intuito principal foi o de estudar o "drama", quer dizer, os autores, mas sem nunca perder de vista o "teatro", pano de fundo sem o qual as próprias peças não adquirem o necessário relevo. Dois critérios me guiaram, portanto. Certos autores viram-se incluídos por sua im-

1. *História Geral da Civilização Brasileira*, sob a direção de Boris Fausto, tomo III, v. 4, São Paulo, Difel, 1984.

portância literária. O caso mais típico é o de Mário de Andrade. Outros, ao contrário, devem a sua inclusão somente às qualidades cênicas, atestadas pelo êxito obtido por suas peças junto ao público. A história real do teatro e a história ideal do que ele poderia ter sido correm assim às vezes paralelas, sobretudo na década de trinta. Algumas rápidas alusões tentam colocar esse quadro dentro de uma perspectiva mais ampla, a da política nacional e internacional, que, se por longos lapsos de tempo ausentam-se do palco, em determinados momentos assumem decididamente o primeiro plano.

Não pretendi escrever uma história fatual que, embora resumidamente, abrangesse todos ou a maioria dos acontecimentos. Preferi, em vez disso, pôr em relevo apenas o que me pareceu significativo em termos de realização ou de repercussão, encadeando os fatos numa série que, englobando igualmente idéias, aspirações, práticas de palco, casas de espetáculo, plataformas artísticas ou políticas, ajuda-nos a situar melhor cada obra em sua exata dimensão. Busquei, em suma, mais o sentido da história, revelado sempre *a posteriori*, que a história propriamente dita. Continuo, portanto, a considerar este trabalho não mais do que um "ensaio de interpretação" (subtítulo que lhe dei na primeira versão), uma tentativa para apreender e ordenar logicamente, a partir de um ponto de vista que se sabe pessoal mas se deseja objetivo, o que de mais marcante sucedeu no teatro brasileiro entre 1930 e 1980. Em relação a essas duas datas, mantive-as como limites aproximativos, quanto ao período abordado e quanto ao ponto de vista, mas não quanto à informação, principalmente a bibliográfica, que foi em muitos casos atualizada.

Se algum motivo interior me impeliu a compor esta síntese terá sido provavelmente o de deixar por escrito um testemunho sobre cinqüenta anos de atividade que acompanhei em sua totalidade, de longe ou de perto, passando de espectador juvenil a crítico, primeiro amador, depois profissional, para reverter, vinte e dois anos mais tarde, no ebuliente 1968, à condição de simples espectador, ou de observador que foi aos poucos se afastando, não do teatro brasileiro, mas de sua face mais ligada à atualidade. Talvez por isso – mas espero que não somente por isso, que as razões históricas também estejam do meu lado – o presente ensaio só atinge plenamente o seu foco entre 1940 e 1970, quando se dá entre nós o deslanche do teatro moderno, com o surgimento de um bom número de dramaturgos importantes. A década de trinta figura nele mais como introdução, que ressalta possivelmente pelo contraste a reviravolta ocorrida logo a seguir, e a década de setenta como uma espécie de epílogo, em que o impulso renovador, sobretudo entre os autores, começa a perder força e a duvidar de si mesmo.

Quero confessar, para desencargo de consciência, que me dói um pouco a ausência, nesta minha sinopse crítica, de cenógrafos e críticos, duas categorias que, no afã de cingir-me ao essencial, acabei deixando de lado. Incluí-las agora, no entanto, representaria um esforço de pesquisa que me intimida, além de importar numa modificação considerável do meu plano inicial, elaborado em torno de autores, com referências ocasionais a atores e encenadores, dos quais os cenógrafos (e figurinistas: outra ausência) são tributários. Contento-me, pois, em lembrar alguns nomes ligados à minha geração, aquela que fez a passagem, naquele momento tão problemático, do velho para o novo teatro. Entre os cenógrafos, recordaria a contribuição pioneira de Santa Rosa[2], Pernambuco de Oliveira, no Rio; de Aldo Calvo, Tulio Costa, Gianni Ratto, Bassano Vaccarini, na fase italiana do teatro paulista. Entre o críticos, no Rio: Pascoal Carlos Magno, Gustavo Dória, Bárbara Heliodora, Henrique Oscar; em São Paulo: Sábato Magaldi (vindo do Rio), Clóvis Garcia, Miroel Silveira, Paulo Mendonça, Ruggero Jacobbi, Alberto D'Aversa.

A lista poderia e deveria ser mais extensa. Que outros – é o meu voto – corrijam tal falha, escrevendo aquela história completa e definitiva de que esta não

---

2. Sobre Santa Rosa: CASSIO EMMANUEL BARSANTE, *Santa Rosa em Cena*, Rio, Inacen, 1982.

passa de um esboço cujo mérito maior estará porventura na particularidade de consubstanciar uma experiência de teatro quase toda ela de primeira mão, de coisas não só lidas mas vistas e vividas.

Décio de Almeida Prado

1.

Dois fatos abrem dramaticamente a década de trinta: no plano internacional, a crise de 1929; no nacional, a nossa Revolução de Outubro. Dois fatos históricos capitais mas agindo, de certo modo, em sentido contrário.

O fim de uma situação política que durava já quarenta anos – um tempo imenso para a instabilidade brasileira – apresentava-se como um renascimento de esperanças, a sonhada possibilidade de uma renovação cívica. O povo entusiasmado saiu às ruas, incendiou jornais governamentais e casas lotéricas, como se quisesse sepultar, de uma só vez, todas as taras da nacionalidade. Uma aragem de otimismo patriótico percorreu o país.

A crise, em contrapartida, além de suscitar o fantasma da pobreza, que pairava um pouco sobre todos, até sobre os ricos, lançaria por muitos e muitos anos uma sombra de insegurança, de perplexidade, de dúvida em relação à equanimidade e viabilidade de um sistema econômico que não parecia saber distribuir tão bem quanto acumular. Que estranha crise era essa, não de sub mas de superprodução, de excesso de café e de trigo? Como a abundância em certos setores podia engendrar a miséria em tantos outros?

A imagem de uma Rússia rejuvenescida (a revolução comunista não completara ainda quinze anos), empenhada a fundo numa ampla campanha de eletrificação, dominando e disciplinando o futuro através dos famosos planos qüinqüenais, opunha-se à de um capitalismo enfermo, incapaz de resolver as próprias contradições, atingido, talvez mortalmente, em seu centro vital, uma rua mítica de Nova York que todos sabiam chamar-se Wall Street.

O teatro nacional não se mostrou indiferente a essa onda de inquietação, procurando, de vários modos, escapar dos limites estreitos da comédia de costumes. Esta revelara notadamente alguns atores de grande veia cômica, mas já se achava esgotada, enquanto personagens, assuntos e processos dramáticos, após o surto criador de 1920. As ingênuas farsas de um Gastão Tojeiro e de um Armando Gonzaga, armadas, às vezes com engenhosidade, em termos de minúsculas crises domésticas, "desaguisados de família" como as chamou Antônio de Alcântara Machado[1], já não satisfaziam as exigências morais e artísticas nascidas com a Revolução.

Se procedêssemos, nesse momento crucial, a um levantamento sobre o teatro, menos como literatura do que como instituição, teríamos aproximadamente o seguinte quadro.

As salas de espetáculo, construídas em sua maioria sob a forma de cine-teatro, para atender tanto a uma quanto à outra arte, localizavam-se todas no centro da cidade, para onde convergiam os bondes, meio de locomoção que só muito lentamente ia sendo substituído

1. A. A. MACHADO, *Cavaquinho e Saxofone*, Rio, José Olympio, 1946, p. 434.

pelo automóvel. O edifício, em si mesmo, obedecia a padrões arquitetônicos estabelecidos no século XIX. Palco amplo, com boa altura, para que os cenários de papelão ou de pano pudessem subir e descer com facilidade, separado do público não só pelo proscênio como pelo fosso da orquestra, sem o qual não se poderia montar operetas e revistas. Os espectadores distribuíam-se por vários planos – platéia, balcão, galeria –, numa divisão aparentemente pouco democrática, mas que, correspondendo à hierarquia social, não negava aos menos afortunados, estudantes ou modestos funcionários públicos, o acesso aos espetáculos.

As representações efetuavam-se à noite, sem descanso semanal, em duas sessões, às 20 e 22 horas, afora as vesperais de domingo. As companhias, sobretudo as de comédia, que nos interessam mais de perto, trocavam de cartaz com uma freqüência que causaria espanto às gerações atuais, oferecendo não raro uma peça diversa a cada semana. Estréias tão seguidas pressupunham, além de muita disciplina, com pelo menos oito horas de atividade diária (quatro para os ensaios, à tarde; quatro para os espetáculos noturnos), uma forma especial de organização do trabalho, que possibilitasse essa como que permanente improvisação.

Os elencos deviam comportar em princípio um intérprete para cada diferente tipo de papel. Entre os homens, por exemplo, um galã, um centro cômico, um centro dramático, sem computar os numerosos "característicos", encarregados de conferir pitoresco às chamadas pontas. Entre as atrizes, no mínimo, uma ingênua, uma dama-galã (mulher já em plena posse de sua feminilidade), uma caricata (as solteironas espevitadas) e uma dama-central, que viveria no palco as mães dedicadas ou as avós resmungonas e compassivas. Assim aparelhada, com atores cobrindo todas as idades e todas as especializações interpretativas, podia a companhia enfrentar com segurança qualquer texto, tanto mais que este também fora concebido quase certamente obedecendo a esta mesma tipologia dramática. Variavam as palavras, as peripécias de enredo seriam outras, mas a

15

linha geral do desempenho já estava assegurada de antemão pela experiência que tinha o ator naquele gênero de personagem.

A orientação geral do espetáculo cabia ao ensaiador, figura quase invisível para o público e para a crítica, mas que exercia funções importantes dentro da economia interna da companhia. Competia-lhe, em particular, traçar a mecânica cênica, dispondo os móveis e acessórios necessários à ação e fazendo os atores circularem por entre eles de modo a extrair de tal movimentação o máximo rendimento cômico ou dramático. Papel bem marcado, dizia-se, meio caminho andado.

Para efeito de marcação, dividia-se idealmente o palco. Olhando-se da platéia para a cena (posição em que ficava o ensaiador) obtinham-se três setores: esquerdo, centro, direito. Partindo-se agora do palco, e já que este, para facilitar a visão do espectador, diminuía de altura à medida que avançava para o público, chegava-se a outro critério classificatório: alto (o fundo do palco), centro e baixo (o plano mais próximo da ribalta). Da multiplicação da largura pela profundidade resultavam nove posições, que se costumava numerar. A posição 1, por exemplo, seria a da esquerda baixa, ou seja, a do ator que, dentro da faixa mais próxima do espectador, estivesse igualmente mais à sua esquerda. "Passar", neste vocabulário de iniciados, que se justificava na medida em que apressava o entendimento entre ensaiador e intérpretes, queria dizer cruzar a cena da direita para a esquerda, ou vice-versa, coisa que se fazia com freqüência, quando mais não fosse para dinamizar visualmente o espetáculo. "Descer" significava caminhar em direção à ribalta, com o seu correspondente "subir" (ou "remontar", uma péssima tradução do francês *remonter*), enquanto a expressão "tomar cena" indicava ao ator que ele devia ocupar o centro do palco, o lugar nobre entre todos, reservado às falas mais significativas e às personagens de maior projeção. Por indicações preservadas em cópias manuscritas ou em peças publicadas com anotações de cena vê-se que os atores principais colocavam-se de preferência nas posições 1,

2 e 3, lado a lado, com o público quase diretamente à frente e os móveis fechando um semicírculo às suas costas. Garantia-se com essa disposição a perfeita visibilidade do rosto e das mãos de cada artista em foco e a perfeita audibilidade do espetáculo, qualquer que fosse o tamanho do teatro. A marcação, uma vez fixada, podia repetir-se ao infinito, pela mesma ou por outras companhias.

Saber marcar, marcar não apenas com eficiência mas com rapidez, já que as estréias se sucediam, dependia mais de tarimba que de criatividade. Por isso confiava-se o cargo seja ao primeiro ator, empresário da companhia, seja a algum artista veterano, aposentado ou em vias de se aposentar, depositário dos legendários "segredos do palco" – conjunto dos recursos empregados tradicionalmente para vencer esta ou aquela dificuldade, para obter este ou aquele efeito. Havia também, claro está, alguns profissionais especializados, muitos deles portugueses, como Eduardo Vieira e Eduardo Victorino, falecidos ambos no Rio, respectivamente em 1948 e 1949.

Os cenários, a não ser quando se tratava de uma peça julgada de muito boa qualidade literária ou muito promissora em termos de bilheteria, confeccionavam-se a partir de elementos pertencentes ao acervo da companhia, resquícios de encenações anteriores. O cenotécnico, cuja missão era exatamente idealizá-los e realizá-los, colocava-se num plano artístico entre o do cenógrafo atual e o de chefe dos maquinistas, ligando-se à empresa por vínculos contratuais permanentes, na qualidade de empregado da companhia. Quanto às roupas usadas em cena, se eram modernas, como acontecia na quase totalidade das peças, constituindo exceção as chamadas "de época", cabia aos atores fornecê-las, de modo que estes igualmente iam formando, ao longo dos anos, o seu pequeno cabedal artístico.

Pronto o espetáculo, desferidas as "pancadas de Molière" que há séculos autorizavam o pano a subir, digladiavam-se no palco, se assim podemos dizer, as forças da ordem e da desordem. Aquelas viam-se representadas em primeiro lugar pelo ponto, que, de sua caixa embutida no proscênio e cheia de botões elétricos, comandava à distância a representação, suprindo as falhas de memória dos intérpretes, indicando o momento exato das luzes se acenderem ou do pano baixar novamente. Contrafazendo ruídos que se supunham vir do palco – toques de telefone, tabefes trocados entre as personagens – garantia, com a sua vasta prática de resolver impasses, a continuidade do desempenho. Luiz Iglezias, que se formou como homem de teatro por volta de 1930, definia desta forma os deveres do ponto:

> A função do *ponto* é ler, em voz baixa, toda a peça para que os artistas repitam em voz alta a parte correspondente ao papel de cada um, função cheia de responsabilidades, principalmente nas primeiras representações de uma peça, quando os artistas ainda não estão seguros de seus papéis. Após cinco dias de espetáculos a função do ponto passa a ser de simples acompanhante, soprando as primeiras palavras, socorrendo os artistas nos seus lapsos de memória, lembrando os movimentos da marcação. No Brasil, entretanto, na maioria das vezes, o ponto tem de pontar a peça do princípio ao fim, durante todo o tempo em que se mantiver em cena, visto que uma grande parte de nossos artistas, principalmente a maioria das nossas primeiras figuras, nunca chega a saber seguramente seus papéis[2].

Se o ponto se esforçava por chamar o espetáculo de volta ao que fora escrito e ensaiado, a contribuição do grande ator, como deixa entrever Luiz Iglezias, desenvolvia-se antes em sentido contrário, instituindo no palco o aleatório e o indeterminado. Não tanto pela dificuldade que pudesse sentir em decorar a peça mas, fundamentalmente, por não atribuir à palavra escrita o caráter quase sagrado que a prática literária moderna lhe concede. Liberto da rotina pouco inspiradora dos ensaios, de que ele, aliás, não participava nem com empenho nem com assiduidade, o seu trabalho criador só se manifestava de verdade no momento em que se punha em contato com o público, o seu amigo e o seu adversário de todas as noites. Pobre do comediante que não soubesse improvisar livremente, emprestando a sua imaginação verbal a textos freqüentemente inferiores. O

---

2. L. IGLEZIAS, *O Teatro de Minha Vida*, Rio, Zelio Valverde, 1945, p. 189. Grifo do original.

"caco", as frases enxertadas com maior ou menor habilidade, não surpreendiam e não chocavam ninguém, uma vez que faziam parte das regras do jogo, sendo bem recebidos tanto pelo autor, que ficava feliz com o enriquecimento de sua peça, quanto pelos espectadores, que, de qualquer forma, tinham vindo ao teatro para ver menos a comédia do que um determinado ator. Alguns espetáculos extras de Leopoldo Fróes, famoso pela sua presença de espírito dentro e fora de cena, não puderam ser repetidos, apesar do sucesso, simplesmente porque o ator já pouco se lembrava do que dissera na noite anterior.

Tudo se correspondia, portanto, nesse sistema fechado: a importância do ponto compensava, como princípio disciplinar, a relativa desimportância do ensaiador, ao passo que a criação momentânea de palco supria o que pudesse ter havido de insuficiente no período de preparação da peça.

Para completar o quadro, provindo todo ele, enquanto estrutura, do século XIX, é necessário situá-lo geograficamente. Os espetáculos originavam-se sempre no Rio de Janeiro, foco de irradiação de toda a atividade teatral brasileira. Lá as representações eram mais cuidadas, lá as peças demoravam mais tempo em cartaz. Organizado o repertório, entretanto, ou esgotada a curiosidade do público carioca pelo elenco, partia este normalmente em excursão, disposto a explorar em outras praças – era o termo regulamentar – o seu patrimônio dramático, constituído por uns tantos cenários e por cinco ou seis comédias semimemorizadas. À medida que a companhia se afastava do Rio, as peças, em geral já cortadas, quando estrangeiras, para caber nas duas horas habituais de espetáculo, tendiam a se esfacelar. Aboliam-se os papéis menores, adaptavam-se outros conforme os recursos humanos disponíveis, substituíam-se artistas consagrados por outros de menor prestígio, aproveitavam-se amadores locais, persistindo do elenco inaugural, muitas vezes, somente o primeiro ator e a primeira atriz, nomes imprescindíveis por atuarem como chamariz de bilheteria. A partir de uma certa distância, antes cultural que espacial, as grandes companhias eram substituídas na tarefa de propagar o repertório do momento pelos numerosos "mambembes" que formavam, no dizer pitoresco de Luiz Iglezias, "o curso primário do profissional de Teatro": "O *mambembe*, criação teatral brasileira, acrescentou um verbo à gramática portuguesa, verbo que quase todos conjugam: – Eu mambembei, tu mambembaste, nós mambembamos...". E lembra um espetáculo realizado no Nordeste em que ele, tendo de substituir na última hora um colega e nada sabendo do papel, deixou-se conduzir docilmente pelo ponto, que o foi manobrando como a um fantoche: "Passa para lá... senta naquela cadeira... levanta... Agora, vai até à janela. Volta. Fala mais alto. Ri. Fica sério. Não olha para mim. Sai. Cuidado! Não sai pela parede. Olha a porta ali à esquerda..."[3]. Exagero, se houver, não será grande. Com um bom ponto e cinco ou seis atores corajosos, o que graças a Deus nunca faltou no Brasil, representava-se qualquer peça.

Se a nossa forma era a do teatro itinerante, como objetivo não havia praticamente outro senão o de divertir, ou seja, suscitar o maior número de gargalhadas no menor espaço de tempo possível. "Rir! Rir! Rir!" – prometiam não só modestos espetáculos do interior mas também a publicidade impressa nos jornais pelas companhias mais caras do país. Entre as 174 peças nacionais apresentadas no Rio de Janeiro, no triênio 1930-1932, apenas duas intitulavam-se dramas, contra 69 revistas e 103 comédias[4].

O ator cômico vinha assim se colocar, sem que ninguém sequer lhe disputasse esse direito, no centro do

---

3. L. IGLEZIAS, *O Teatro de Minha Vida*, Rio, Zélio Valverde, 1945, pp. 197, 47. Grifo do original.

4. Cf. F. M. OGAWA, *O Teatro Brasileiro dos Anos 30: Um Estudo Sociológico*, Dissertação de mestrado, São Paulo, USP, 1972. A autora engloba na categoria "comédia" os seus subgêneros "sainete", "burleta" e "farsa".

teatro nacional. O que se exigia dele, de resto, não era tanto preparo técnico, recursos artísticos extraordinários, versatilidade, e sim, ao contrário, que se mantivesse sempre fiel a uma personalidade, a sua, naturalmente engraçada e comunicativa.

Os intérpretes menores do nosso teatro, os chamados "característicos", procuravam diversificar até mesmo no físico os seus desempenhos, usando e abusando de perucas que iam terminar no meio da testa, de bigodões postiços, de rugas pintadas grosseiramente no rosto. Faziam rir, conquistavam não raro as platéias pela regularidade de seus desempenhos ou pela facilidade com que mudavam de voz e de fisionomia, mas não possuíam personalidades suficientemente fortes para sustentar o espetáculo. Já os cômicos de primeira linha, um Procópio Ferreira (1898-1979), um Jaime Costa (1897-1967), apresentavam ao público, a vida inteira, salvo ligeiras modificações, a mesma imagem, o rosto e as inflexões que os espectadores tinham aprendido a admirar e a querer bem.

Leopoldo Fróes (1882-1932), ator carismático por excelência, encarou a questão com muito senso profissional, numa carta endereçada a Procópio, então no começo de carreira, na qual o aconselhava a não ceder caso lhe viessem cobrar mais verdade interpretativa:

> Daqui a tempos, quando tiveres firmado a tua personalidade, encontrarás quem te diga por escrito, nalguma gazeta mais ou menos lida, que te *repetes*, que não estudas, que és vaidoso... Não te importes. Feliz daquele que, em Arte, consegue repetir-se. Le Bargy foi sempre Le Bargy[5].

A vaidade do intérprete, em suma, coincidia com o seu interesse comercial. Identificar o artista, física e psicologicamente, conhecer-lhe os sestros, as manhas, era um prazer que não convinha negar às platéias.

> Que culpa tenho eu – indagava Procópio, anos depois, defendendo-se da acusação de ser excessivamente personalista – se um ator da Hungria, que não me conhece, escreve uma peça cujo tipo central se casa

---

5. Cf. R. MAGALHÃES JR., *As Mil e Uma Vidas de Leopoldo Fróes*, Rio, Civilização Brasileira, 1966, p. 141. Grifo do original.

perfeitamente comigo? Por um lado, se esse tipo requer o primeiro ator da companhia e se eu sou o primeiro ator? E mais, se eu anuncio Procópio Ferreira, o público quer Procópio, compra Procópio? Se eu apresentar a esse público outro ator é roubá-lo (...). Agora, se apesar disso o público continua a preferir Procópio, que culpa tenho eu? É o caso: entra um sujeito no bar e pede café. Se lhe servem cerveja, ele estrila. Pediu café, quer café[6].

Podemos sorrir do narcisismo de Procópio, tão candidamente exposto, mas não negar às suas palavras uma base mais ampla do que a mera satisfação pessoal. Os hábitos conservadores do público, o sistema do empresário-primeiro ator, a prioridade tacitamente concedida ao gênero cômico, conjugavam-se para conferir sólidas razões de bilheteria ao que de outro modo poderia parecer apenas imodéstia e egocentrismo. Realmente, o público não pedia teatro. Pedia Procópio, qualquer que fosse o pretexto, um pouco melhor, um pouco pior, para vê-lo em cena.

Tal o panorama que a Revolução de 30 veio encontrar e que perduraria, aliás, em suas linhas mestras, por mais de uma década. As primeiras tentativas de renovação partiram de autores que, embora integrados econômica e artisticamente no teatro comercial, dele vivendo e nele tendo realizado o seu aprendizado profissional, sentiam-se tolhidos pelas limitações da comédia de costumes. Pessoas, enfim, que, sem romper de todo com o passado, desejavam dar um ou dois passos à frente, mais no campo da dramaturgia, em que atuavam, que no do espetáculo.

Deus lhe Pague..., de Joracy Camargo (1898-1973), abriu o caminho nos últimos dias de 1932, trazendo para o palco, juntamente com a questão social, agravada pela crise de 1929, o nome de Karl Marx, que começava a despontar nos meios literários brasileiros como o grande profeta dos tempos modernos. Quem o invocava, vestido num elegante *robe-de-chambre* e no aconchego de sua biblioteca, era um mendigo duplamente paradoxal,

---

6. "Melancólica Informação de Procópio", *Jornal das Artes*, n. 1, São Paulo, jan. 1949. O índice da revista dá à entrevista o título de "O Teatro Está Morrendo", atribuindo-lhe a autoria a Daniel Linguanotto.

por ser milionário, apesar de sua profissão, ou justamente por causa dela, e também por amar frases de espírito, jogos de palavras e de pensamentos.
A sensação foi intensa. Proclamou-se o nascimento do verdadeiro teatro nacional, ou pelo menos o surgimento de uma nova era dramática, porque a peça, com não pequena ambigüidade, oferecia um pouco para cada gosto. Uns viam nela a própria Revolução, a grande, a de 1917, não a de 1930. Outros, certamente mais numerosos, admiravam-lhe acima de tudo o entrecho, um clássico triângulo de amor no qual a inteligência, representada pelo Mendigo com suave displicência, acabava por triunfar sobre o dinheiro e sobre a juventude.

No Prefácio, Procópio Ferreira, assumindo o tom solene adequado ao momento histórico, tratava o autor de "camarada" — "o camarada Joracy Camargo" —, palavra que por si só significava, àquela altura, um sério compromisso ideológico, vaticinando revolucionariamente: "Estamos nas vésperas do grande dia do juízo de uma época. Dia do Deve e Haver; do prêmio e do castigo"[7]. Aproximava-se a hora da decisão mas ninguém sabia ao certo se ela viria aos poucos, sem choques, pela própria força das coisas, ou sob a forma de uma hecatombe, da qual a humanidade sairia purificada.

Deus lhe Pague... inclinava-se abertamente para a primeira hipótese. Bastaria, para que tudo se consumasse, "a supressão de uma palavra do dicionário": "Egoísmo é o grande obstáculo! É o castelo feudal em cuja arca está guardada essa palavra abominável — Propriedade!" Comunismo, por sua vez, seria "uma palavra que quer entrar para o dicionário, com escalas pela polícia..."[8]. Quando, finalmente, todos compreendessem a estupidez do sistema capitalista — é o que fica subentendido — a transição econômica se faria sem dor, quase por si mesma. Assim como o Mendigo conquista a Mulher sem outra arma senão o uso da dialética, a inteli-

---

7. J. CAMARGO, *Deus lhe Pague...*, Rio, Alba, 1933. p. 13. A palavra "camarada" desapareceu em edições posteriores.
8. J. CAMARGO, *Deus lhe Pague...*, Rio, Alba, 1933, pp. 111-113.

gência, valor mais alto que qualquer outro, saberia sobrepor-se aos conflitos sociais. A duplicidade do texto, cindido entre o seu marxismo de superfície e o seu entranhado idealismo, refletia com felicidade as ilusões despertadas pela Revolução de 30, agradando desde um jovem romancista de esquerda como Jorge Amado, que louvou o autor por ter introduzido nos palcos brasileiros "o problema econômico", até o Dr. Getúlio Vargas, que honrou com a sua presença a derradeira representação da peça no Rio de Janeiro.

Não tardou para que a efervescência reinante no Brasil fizesse descer sobre a nossa cena a segunda grande divindade da ciência e da arte do século XX: Freud. Novamente, é curioso, a encarnação do pensamento abstrato se dava por intermédio de um senhor de meia-idade, dono de uma bela biblioteca, desta vez médico (mais da alma que do corpo), capaz de tudo compreender e tudo explicar aos espectadores e aos seus companheiros de elenco, em poucas e incisivas palavras. E novamente pesava sobre o palco, como sinal dos tempos, a sensação do apocalipse iminente:

> Estamos sofrendo a hora mais revolucionária da história: a da transição do passado, da destruição do mundo velho para o renascimento do mundo novo... Precisamos esperar a hora que vem, a hora que ainda vai passar... Esperar... e não desesperar![9].

Não se pode dizer que *Sexo*, de Renato Vianna (1894-1953), haja causado, em 1934, o mesmo impacto que *Deus lhe Pague...* dois anos antes. As revelações de Freud sobre a infra-estrutura da vida emocional, tão determinante para o indivíduo quanto seria a econômica para a sociedade, não pareciam ter alcance e contundência comparáveis às de Marx. De qualquer forma, a peça, ao denunciar a tirania sexual masculina e ao insinuar que o ciúme dos maridos e dos irmãos se alimentavam

---

9. R. VIANNA, *Sexo e Deus*, Rio, A Noite, s/d, p. 65. A alusão a Freud encontra-se na p. 103: "Você já leu Freud? (folheando o livro). Tenho um respeito por esse homem... Não há quem lhe escape... (lê) 'a consciência e o inconsciente' (folheia) 'censura e repressão' (folheia). Este homem é o Diabo...".

às vezes de motivos menos nobres do que eles mesmos supunham, alargava o âmbito de nossa tímida literatura dramática, inserindo nela um *leitmotiv* que só em tempos recentes receberia a sua competente orquestração. A hora da revolução sexual ainda não havia soado.

Ambas as peças, audaciosas quanto ao conteúdo, mas não a ponto de afugentar o público, pouco possuíam de renovador no respeitante aos padrões dramatúrgicos, derivando-se quase diretamente da peça de tese do século passado. Daí a importância atribuída por elas ao protagonista, *raisonneur* encarregado de explicitar o ponto de vista do autor, fazendo o enredo girar em torno desse eixo, numa exaltação da inteligência que não passava de uma homenagem prestada por Joracy Camargo e Renato Vianna, talvez inconscientemente, à própria sabedoria. A diferença é que *Deus lhe Pague...* aliava a peça de tese ao "teatro de frases", cujo precursor no Brasil havia sido João do Rio, ao passo que *Sexo* se apoiava de preferência na técnica do dramalhão, embora dramalhão de idéias, com as suas tiradas altissonantes, as suas calculadas reviravoltas de enredo e os sensacionais fechos de ato.

Amor..., de Oduvaldo Vianna (1892-1972), tentou em 1933 uma outra espécie de abertura. O seu intuito mais sério era defender o divórcio, libertando o amor, como apregoava a conclusão:

> Que os Catões arranquem as velhas barbas de papão, Jeová receberá os que amam com sinceridade, com pureza, com verdade. Essa é a lei verdadeira. Amor! Que o casamento não seja um negócio comercial, abençoado pela Igreja e os que vivem infelizes procurem, na sinceridade de um amor verdadeiro, a felicidade a que tem direito os que nascem, e crescem, e vivem[10].

Mas a novidade da peça consistia menos neste núcleo dramático, envolvido por tantas camadas de comicidade que acabava por se tornar inócuo, do que no desejo de livrar o teatro das restrições costumeiras de espaço e de tempo. O cenário dividia-se no sentido verti-

---

10. O. VIANNA, *Teatro*, Rio, Civilização Brasileira, 1934, pp. 114-115.

cal e horizontal, dando origem a cinco áreas de representação e permitindo ao espectador, por exemplo, acompanhar uma ligação telefônica em suas diversas fases: primeiro, alguém fazendo a chamada, a seguir, a telefonista atendendo, e, por fim, a campainha começando a tilintar no outro extremo do palco. Os três atos habituais fragmentavam-se em 38 quadros, usando-se a iluminação, o corte da luz por alguns segundos, como um pano de boca que funcionasse instantaneamente, deixando correr sem outras interrupções o espetáculo. Era a maneira nacional, menos sofisticada do que os palcos giratórios europeus, de competir com o cinema, roubando-lhe um pouco de sua fluidez narrativa, do seu ritmo vivo e dinâmico, aspiração de não poucos homens de teatro, escritores e encenadores, durante a década de trinta. Oduvaldo Vianna, de resto, não demoraria em se deixar seduzir pelos recursos supostamente mais modernos do rádio e da arte cinematográfica.

Todas estas manifestações de inconformidade, ainda que relativa, desenvolviam-se dentro do teatro comercial, sem questionar nem os seus métodos nem os seus fins. Não só as peças mencionadas obtiveram grande êxito de público, como foram encenadas pelas companhias mais representativas do momento, tais como a de Procópio (*Deus lhe Pague...*) e a de Dulcina-Odilon (*Amor...*). Mesmo Renato Vianna, talvez o mais inquieto de todo o grupo na sua dupla função de autor dramático e de ensaiador exigente, não tencionava, ao que tudo indica, reformar o teatro senão para dar ao drama uma possibilidade de florescer ao lado da comédia, querendo antes fazer melhor do que fazer diferente – o que ele não conseguiu, seja dito de passagem, em parte por falta de meios econômicos, em parte pela visão antiquada que tinha da dramaturgia. Foi um disciplinador, não o instaurador de uma estética, como pretendia.

Para chegar-se a uma verdadeira contestação da ordem vigente teria sido necessário que o espírito da Semana de Arte Moderna houvesse agido sobre o teatro com virulência igual à que já estava dando frutos em outros gêneros literários. Se tal não sucedeu, culpa não cabe, é bom frisar, aos modernistas, que tentaram em vão, durante anos, forçar as portas da cidadela conservadora em que se convertera o palco brasileiro.

Antônio de Alcântara Machado (1901-1935), crítico e ensaísta teatral, além do contista e do admirável cronista conhecido por todos, empreendeu uma vigorosa e inteligente campanha contra a inércia do nosso teatro, acusando-o de não ser, paradoxalmente, nem nacional, nem universal:

> Alheio a tudo, não acompanha nem de longe o movimento acelerado da literatura dramática européia. O que seria um bem se dentro de suas possibilidades, com os próprios elementos que o meio lhe fosse fornecendo, evoluísse independente, brasileiramente. Mas não. Ignora-se e ignora os outros[11].

A saída estaria na aplicação dos processos dramáticos modernos, importados da Europa, a assuntos nacionais. Haveria, segundo ele, toda uma face popular e moderna do Brasil que os nossos comediógrafos, fechados em seus estereotipados esquemas de enredo e de personagem, simplesmente ignoravam:

> A cena nacional ainda não conhece o cangaceiro, o imigrante, o grileiro, o político, o ítalo-paulista, o capadócio, o curandeiro, o industrial. Não conhece nada disto. E não nos conhece[12].

Pelo lado da atualização cênica, pouco há a assinalar de moderno antes de 1930, apenas a tentativa frustrada de Álvaro Moreyra (1888-1964) em 1927, com a criação do Teatro de Brinquedo, que nunca foi além do que sugeria o seu nome – uma diversão amadora inteligente. As intenções eram sem dúvida as melhores, mas terrivelmente vagas, faltando ao conjunto seja conhecimento específico do palco, seja uma consciência estética mais clara do que se ambicionava implantar. A verdade é que o modernismo de Álvaro Moreyra, escritor formado na atmosfera penumbrista que sucedeu ao simbolis-

---

11. A. A. MACHADO, *Cavaquinho e Saxofone*, Rio, José Olympio, 1940, p. 443.
12. A. A. MACHADO, "Indesejáveis", *Terra Roxa e Outras Terras*, São Paulo, ano I, n. 1, jan. 1926.

mo, não se sobressaía pela firmeza ou pela energia, limitando-se a explorar, com uma ingenuidade um tanto fabricada mas não destituída de humor, o pitoresco de certo primitivismo, descambando já para o infantilismo. Eis como ele mesmo definia, na ocasião, as suas aspirações cênicas: "Eu sempre cismei um teatro que fizesse sorrir, mas que fizesse pensar. Um teatro com reticências..."[13].

Igualmente reticenciosos são os títulos de muitos de seus livros, bem como a própria tessitura de sua única comédia, *Adão, Eva e Outros Membros da Família*..., de fato menos peça do que conversa fiada, ou desfiada, já que nela o famoso fio de enredo acabava por se esgarçar de vez, na linha do "teatro de frases" que Joracy Camargo, melhor artesão, logo faria triunfar com o igualmente reticencioso *Deus lhe Pague*...[14]. Álvaro Moreyra encarava a sua iniciativa como "uma brincadeira de pessoas cultas que enjoaram de outros divertimentos e resolveram brincar de teatro"[15]. Mas desse *Teatro de Brinquedo* (nome porventura inspirado pelo *Voulez-vous Jouer avec Moi?*, de Marcel Achard) ficaria alguma coisa mais séria, um pequeno grupo de pessoas empenhadas na divulgação de um repertório menos concessivo ao grande público.

Quem fala em modernismo, na acepção vibrante, ao mesmo tempo lúdica e corrosiva, que marcou a palavra para a geração da Semana de Arte Moderna, fala necessariamente em Mário de Andrade (1893-1945) e Oswald de Andrade (1890-1954), os dois Andrades já agora indissoluvelmente ligados pelas vicissitudes da fortuna

13. Cf. G. A. DÓRIA, *Moderno Teatro Brasileiro*, Rio, Serviço Nacional de Teatro, 1975, p. 27.

14. Joracy Camargo participou como ator do Teatro de Brinquedo. Sobre as afinidades entre a sua peça e a de Álvaro Moreyra: *Depoimentos I*, Rio, Serviço Nacional de Teatro, 1976, p. 157; W. MARTINS, *História da Inteligência Brasileira*, VI, São Paulo, Cultrix, 1978, p. 425. Esta obra caracteriza acertadamente a arte de Álvaro Moreyra como "a estética das reticências".

15. *Apud* G. A. DÓRIA, *Moderno Teatro Brasileiro*, Rio, Serviço Nacional de Teatro, 1975, p. 30.

crítica, que os faz ora adversários irredutíveis, ora faces complementares da mesma moeda literária. Ambos se interessaram pelo teatro, como se interessaram, com maior ou menor intensidade, por todos os setores da atividade artística.

Para Oswald, em particular, o teatro foi uma paixão da adolescência que reviveu com ímpeto na idade madura, levando-o a escrever três peças, quase sucessivamente, entre os quarenta e os cinqüenta anos. *O Rei da Vela*, de 1933, participa a seu modo da atmosfera otimista, de expectativa de profundas reformas estruturais, que originou *Deus lhe Pague*... e *Sexo*. Não erraríamos se a puséssemos sob a dupla égide de Marx e Freud, nessa ordem de precedência. O descobridor da psicanálise não passaria para Oswald, falando como sempre através de suas personagens, do "último grande romancista da burguesia", "subversivo", sim, mas só "um bocadinho": "Ele ignora a luta de classes! Ou finge ignorar"[16]. Submetia-se assim a moral sexual à moral econômica, dentro da mais pura ortodoxia marxista, e é este entrelaçamento entre duas decadências, a familiar e a social, que configura no enredo a morte da burguesia, enquanto classe, e a do capitalismo, enquanto sistema.

Também como forma a peça não deixa de lembrar, embora mais longinquamente, o momento em que foi escrita, apresentando traços do teatro de tese – "o teatro nacional virou teatro de tese"[17], constata o próprio texto –, e até mesmo do "teatro de frases", não lhe faltando *mots d'auteur*, nas quais o criador se substitui às suas criaturas, ditando-lhes reflexões ou réplicas espirituosas. Se estas aproximações parecerem heréticas, recorde-se que Oswald nunca escondeu uma certa admiração por Joracy Camargo, observando, dez anos depois do sucesso de *Deus lhe Pague*...: "Apenas as tentativas de Álvaro Moreyra e de Joracy Camargo inquietaram um pouco a nossa platéia"[18].

16. O. ANDRADE, *Teatro*, Rio, José Olympio, 1937, p. 97.
17. O. ANDRADE, *Teatro*, Rio, José Olympio, 1937, p. 95.
18. O. ANDRADE, *Ponta de Lança*, Rio, Civilização Brasileira, 1971, p. 66.

Com *O Rei da Vela* não chegamos a sair do âmbito da burguesia. A revolução, sendo uma certeza histórica, não se manifesta a não ser como uma ameaça latente ("É! Mas dizem por aí que a Revolução Social está próxima. Em todo mundo. Se a coisa virar?"), ou como um eco que se ouve esperançosamente à distância: "Moscou irradia a estas horas. Você sabe! Abra o rádio. Abra. Obedeça! É a última vontade de um agonizante de classe!"[19]. Em *O Homem e o Cavalo*, escrita um ano depois, deu-se o inevitável salto para a frente. A revolução venceu, ou até está prestes a vencer, em escala cósmica. O preço não foi pequeno – "o sacrifício de milhões de vidas"[20] – mas valeu. O mundo novo idealizado por Oswald livrara-se de todos os vícios acumulados por séculos de injustiça e opressão.

No plano econômico, reina o cavalo-vapor, em substituição ao cavalo propriamente dito, ao velho cavalo de Tróia, ao cavalo branco de Napoleão das anedotas e adivinhas infantis, ao cavalo guerreiro de Átila, ao cavalo camponês, aos cavalos aristocráticos dos prados londrinos. No campo social, o avanço não foi menor. Desapareceram da face da Terra, varridas pelo ciclone revolucionário, juntamente com a propriedade, as suas inevitáveis seqüelas: a herança, a monogamia, a família, a prostituição, o adultério, a sífilis, as neuroses, a loucura, a religião ("matamos a inquietação e o mistério e somos felizes!"), sem esquecer "todos os recalques catalogados pelo Professor Freud", tais como "a falsa virtude, a hipocrisia, a libidinagem..."[21].

Esse mundo higienizado, asséptico, um tanto dessexualizado (os pecados sociais associam-se sempre no espírito de Oswald aos da carne) só surge no palco através de poucos quadros, entre os quais se destaca o de "três crianças soviéticas" totalmente, se não totalitariamente, socializadas ("nossa família é à sociedade socia-

---

19. O. ANDRADE, *Teatro*, Rio, José Olympio, 1937, pp. 98, 149.
20. O. ANDRADE, *O Homem e o Cavalo*, São Paulo, 1934, p. 81.
21. O. ANDRADE, *O Homem e o Cavalo*, São Paulo, 1934, pp. 83-84. A religião reapareceria bem mais tarde, na vida e no sistema filosófico de Oswald, sob o nome de "sentimento órfico".

lista"), que defendem "a teoria de Marx" e do "nosso Engels", regozijando-se de passagem com o fato de que os "donos dos cavalos" – quando ainda havia cavalos – tivessem sido "fuzilados com os outros exploradores do povo"[22].

Mas tais episódios, que por vezes nos fazem pensar com um arrepio no *1984* de George Orwell, constituem exceção. O retrato da virtude, ainda que revolucionária, não era o forte de Oswald. A pressão exercida por sua verve satírica obrigava-o, por mais que admirasse os tempos novos, a refugiar-se artisticamente nos antigos, dando preferência aos heróis negativos sobre os positivos. As injunções do seu temperamento não lhe permitindo compor *A Tragédia Otimista* da revolução, que os russos escreveram e encenaram por essa mesma época, tinha ele de se contentar, a maior parte do tempo, em imaginar a farsa pessimista da contra-revolução, a epopéia grotesca dos destinados a perecer (como, por exemplo, a sua outrora amada Igreja Católica).

Ainda aqui, entretanto, a peça não convence. Abrindo o foco até abranger o céu e a terra, o passado, o presente e o futuro, à maneira de Maiakóvski em *O Mistério Bufo*[23], recorrendo como únicos processos criadores à esquematização e à hipérbole, Oswald não só perde o seu principal ponto de apoio – o conhecimento íntimo que tinha da burguesia paulista, fonte inesgotável do seu sarcasmo – mas termina por fabricar uma espécie de magma histórico, massa uniforme em que tudo remete ou pode remeter a tudo, de Maria Madalena a Al Capone, de Cleópatra a Lord Byron. A falha básica de *O Homem e o Cavalo* é o de ligar-se menos a uma experiência social concreta, como acontecia em *O Rei da Vela*, do que ao filósofo da história que Oswald pretendeu ser a partir de uma certa idade, filó-

---

22. O. ANDRADE, *O Homem e o Cavalo*, São Paulo, 1934, pp. 78-81.

23. Sobre a dramaturgia oswaldiana, em especial sobre as relações entre *O Homem e o Cavalo* e o *Mistério Bufo:* S. MAGALDI, *O Teatro de Oswald de Andrade*, Tese de doutoramento, USP, São Paulo, 1972.

sofo prejudicado sempre pela mania da síntese expressiva, pelo vezo de abstratizar, de generalizar, até cair na gratuidade e na vacuidade.

Até que ponto o mito escatológico da revolução, banho lustral de sangue capaz de devolver ao homem a pureza perdida, marcou literariamente a década de trinta fica bem evidente se compararmos duas obras tão diferentes como *O Homem e o Cavalo* e *Café*, a ópera que Mário de Andrade ruminou de 1933 a 1942. O ponto de partida desta última, ainda próxima de 1929, é a crise da superprodução, o paradoxo da queima de café coincidindo com o desemprego e a miséria rural. Quanto ao ponto de chegada, só poderia ser, naturalmente, a Revolução (com R grande, para distingui-la das revoluções sul-americanas). Embora o seu tom seja inteiramente diverso, mais social do que político, mais poético do que panfletário, alguma coisa, um substrato comum, aproxima as duas peças. Às vezes, até algumas expressões se assemelham. Oswald fala em "homens novos", Mário no "Dia Novo" – "o dia da vitória da revolução" (...)[24]. Tanto uma quanto outra foram concebidas com "a perversidade impiedosa da idéia definidora por exagero"[25], só que o exagero de Mário, por ele mesmo assim definido, jamais atinge a perversidade de que Oswald se mostra capaz. *Café* tem, aliás, a prudência de parar exatamente no limiar do Dia Novo – no dia seguinte, como sabemos, é que principiam as dificuldades.

O seu defeito, contudo, enquanto obra dramática, não está neste comedimento, que, se lhe tira a audácia de *O Homem e o Cavalo*, garante-lhe por outro lado maior coerência, e sim no que parece ter sido hesitação, confirmada talvez pelo prolongado período gestatório da peça, entre mais de um gênero teatral. Mário de Andrade chamou-a de "concepção melodramática" e essa ausência de qualificação indica a sua dificuldade em optar entre o poema dramático, a ópera de natureza coral e o *ballet* ex-

---

24. M. ANDRADE, *Poesias Completas*, São Paulo, Martins, 1955, p. 451. Cf. O. ANDRADE, *O Homem e o Cavalo*, São Paulo, 1934, p. 69.
25. M. ANDRADE, *Poesias Completas*, São Paulo, Martins, 1955, p. 458.

pressionista (esboçado na minuciosa descrição do espetáculo que antecede o texto). A menos que nos enganemos e que *Café* deva ser lido como simples *libretto* de ópera, estando aguardando apenas a música que lhe imprima o necessário toque épico.

Voltando a Oswald de Andrade, *A Morta* encerra-lhe, em 1937, o ciclo teatral. Se a intenção revolucionária persistia incólume, haviam-se desvanecido as ilusões quanto a uma próxima revolta social. Ao contrário, ele se queixa na Carta-Prefácio deste "ato lírico" estranho e hermético, cuja decifração está ainda por se completar, de ter sido enterrado nas "catacumbas" do teatro poético: "dou a maior importância à *Morta* em meio a minha obra literária. É o drama do poeta, do coordenador de toda ação humana, a quem a hostilidade de um século reacionário afastou pouco a pouco da linguagem útil e corrente"[26].

O ano seria o da implantação do Estado Novo – versão caricata dos "homens novos" e do "Dia Novo" imaginados pelos poetas. O comunismo perdera o tom róseo que *Deus lhe Pague...* lhe emprestara, tornando-se a partir de 1935 alvo de uma implacável repressão que, começando pela esquerda, acabaria por alcançar o próprio centro. Com a ascensão do nazismo e o espectro da guerra desenhando-se de forma cada vez mais concreta, a luta aos poucos se deslocava, passando a ser travada mais em termos de fascismo e antifascismo que de comunismo e capitalismo (refeito, nesse ínterim, de sua crise econômica).

Com relação ao teatro, a perspectiva também mudara. A pequena abertura ensaiada logo após 1930 desaparecera. Cafra sobre o nosso palco, tão acostumado à censura em seu penoso calvário histórico, um dos mais pesados regimes censórios que ele já conheceu. Durante alguns intermináveis anos, tudo seria proibido, até referências à guerra de que então o Brasil já participava. Talvez por isso, talvez pelo morno ambiente moral e

---

26. O. ANDRADE, *Teatro*, Rio, José Olympio, 1937, p. 5.

intelectual imperante, de conformismo em face do inevitável conflito internacional, inclinava-se a dramaturgia brasileira para outros gêneros, menos comprometidos e menos comprometedores. Os grandes êxitos nesse desapontante final da década serão todos de peças históricas. Em 1938, *Marquesa de Santos*, de Viriato Correa (1884-1967), com Dulcina e Odilon revivendo as rusgas e reconciliações tempestuosas entre Domitila de Castro e D. Pedro I. Em 1939, *Carlota Joaquina*, de R. Magalhães Jr. (1907-1982), oferecendo-nos a oportunidade de ver D. João VI, interpretado pitorescamente por Jaime Costa, destrinchando em cena o seu franguinho e enfrentando com astúcia disfarçada em bonomia os desvios de variada natureza de sua real consorte. Ligando ambas as peças, não só a presença obrigatória do Chalaça, amenizando com suas tiradas cômicas as crises amorosas e políticas, mas também a mesma teatralidade simples, recortando com nitidez para o público as imagens criadas pela realidade ou pela legenda histórica. Como encenação, muitas roupas de gala, muitos vestidos de baile, muitas fardas, muitos figurantes, muitas personalidades e muitos episódios conhecidos desde os bancos escolares – algo, em suma, com que encher os olhos e não apenas os ouvidos dos espectadores.

A cena nacional enriquecia-se, na medida de suas possibilidades, esperando ainda poder sustentar em pé de igualdade o confronto econômico e artístico com o cinema, ao copiar-lhe, se não o ritmo irreproduzível, pelo menos a pompa, o esplendor. Se Hollywood tinha os seus épicos, por que não deveríamos ter os nossos?

Na mesma linha de peça histórica, ou semi-histórica, visto que o enredo e as personagens eram imaginários, incluiríamos os dois sucessos populares de Ernani Fornari (1899-1964), *Iaiá Boneca* (1938) e *Sinhá Moça Chorou...* (1940), que aproveitavam a aura romântica do período regencial para nos contar duas histórias de amor, entrelaçando com certa habilidade drama e comédia, não nos fazendo sofrer no segundo ato senão para que pudéssemos sorrir com mais gosto no terceiro. A parte política (a maioridade de D. Pedro II, a Revolução

Farroupilha) servia de pano de fundo patriótico para esses verdadeiros romances de mocinha, simpáticos, tão sentimentais quanto seus nomes indicam, contemporâneos pelo espírito da *Moreninha* de Macedo, nos quais a escravaria, elemento indispensável da cor local, fazia as vezes de um benévolo coro doméstico, proporcionando ao espetáculo ao mesmo tempo a nota humorística (pela ingenuidade infantil) e a nota patética (pela afeição aos patrões). Eventualmente, competia-lhe dizer a palavra derradeira: "BALBINA E PRUDÊNCIO (felizes, juntando as mãos e volvendo os olhos para o alto, como em prece): Sinhá Moça chorô!... Sinhá Moça chorô!..."[27].

Em plano mais modesto, do ponto de vista literário, não do comercial, outras transformações, efetuadas lentamente, iam chegando ao fim. A opereta, próspera nas duas primeiras décadas do século, já revelando sinais de decadência entre 1920 e 1930, sumira discretamente de cena desde que o cinema aprendera a falar e a cantar. Também a revista se enfraquecia a olhos vivos, privada de suas duas funções primordiais: a crítica política e a divulgação da música popular (na primeira, pela ação da censura e pela ausência de eleições presidenciais diretas; na segunda, pela concorrência vitoriosa do rádio). Em breve, seria ela substituída pelo *show* – e este pela televisão. Rompera-se a aliança entre música ligeira e teatro ligeiro firmada desde os dias de Arthur Azevedo.

Outra tradição agonizava: a dos artistas portugueses em palcos nacionais. Antônio de Alcântara Machado, com a agressividade característica do primeiro arranque modernista, saudara festivamente, em 1926, a ruptura com a mãe-pátria:

José Loureiro tinha por hábito inveterado presentear o Brasil, três a quatro vezes por ano, com umas glórias do teatro luso tipo Chaby, tipo Alves da Cunha, tipo Palmira Bastos, tipo Adelina Abranches, e tal. De repente, o negócio começou a desandar. Que é do público? Foi um santo remédio. Prejuízo grosso. E nós livres dos canastrões da língua, que dizem que é a dos brasileiros mas os brasileiros não entendem[28].

27. E. FORNARI, *Sinhá Moça Chorou...*, São Paulo, Martins, 1941, p. 243.

28. A. A. MACHADO, "Indesejáveis", *Terra Roxa e Outras Terras*, São Paulo, Ano I, n. 1, jan. 1926.

Essa efusão nacionalista correspondia, claro está, ao renascimento da comédia brasileira e à valorização, ocorrida por volta de 1920, de atores como Leopoldo Fróes (ainda meio português, pela pronúncia e pela formação profissional), Procópio Ferreira, Abigail Maia, Apolônia Pinto e Manoel Durães.

Na década seguinte o que restava do antigo imperialismo dramático luso, tirante algumas temporadas esporádicas, bem recebidas mas sem a repercussão anterior, era um ainda considerável contingente de atores que mantinha entre nós a presença do sotaque lisboeta, a que os nossos ouvidos teatrais, ao contrário do que asseverava o autor de *Cavaquinho e Saxofone*, estavam perfeitamente acostumados. Basta dizer que na estréia carioca de *Deus lhe Pague*..., entre os cinco ou seis primeiros papéis, três eram desempenhados por intérpretes de além-mar — Elza Gomes, Abel Pera e Eurico Silva —, sem que o público ou a crítica sequer notasse o fato. Outros nomes poderiam ser somados a esses, de imediato, sem necessidade de pesquisas mais acuradas: por exemplo, os de Hortência Santos, Aurora Aboim, Armando Rosas, Sara Nobre e Manoel Pera. Luiz Iglezias chegou mesmo a escrever que "não há elenco brasileiro onde não figurem artistas portugueses"[29]. O nosso crescimento, no entanto, incumbir-se-ia de corrigir — já estava corrigindo — essa anomalia no mínimo prosódica, sem necessidade de campanhas jacobinistas. Cessara o afluxo de atores provindos de outras terras por um único motivo: não precisávamos mais deles.

O balanço final da década de trinta não lhe é favorável. O teatro comercial, em seu nível mais ambicioso, não realizara nenhum dos seus intentos estéticos ou de suas obrigações históricas: não resistira ao impacto do cinema, perdendo continuamente terreno enquanto diversão popular; nada dissera de fundamental sobre a vida brasileira, não conseguindo passar adiante, como almejara certo momento, as mensagens revolucionárias de Marx e de Freud; e, sobretudo, não soubera incorporar

---

29. L. IGLEZIAS, *O Teatro de Minha Vida*, Rio, Zelio Valverde, 1945, p. 107.

as novas tendências literárias (nem a ópera de Mário, nem as peças de Oswald de Andrade foram encenadas em vida de seus autores), como já vinha acontecendo, de um modo ou de outro, com a poesia e com o romance. Entre o gueto modernista e o repertório corrente em palcos nacionais não surgira qualquer compromisso aceitável para ambas as partes.

Algum progresso se fizera, evidentemente. O espetáculo ganhara em amplitude e flexibilidade, não se restringindo necessariamente à modesta sala de visitas da comédia de costumes. Preocupações de ordem social ou moral perturbavam, vez ou outra, a tranqüilidade dos conflitos familiares. Mas não se tocara no essencial, na maneira do teatro considerar-se, em si mesmo e em suas relações com o público. Persistiam os mesmos métodos de encenação, a mesma rotina de trabalho, a mesma hipertrofia da comicidade, a mesma predominância do ator, a mesma subserviência perante a bilheteria. Não era competência artesanal o que faltava. Não há dúvida de que os autores sabiam escrever e os atores sabiam representar o gênero de peça apreciado e esperado de antemão pelas platéias. Se de algum mal padecíamos seria antes o de excesso de profissionalismo, no sentido de teatro concebido exclusivamente como meio de vida (poucas vezes bem-sucedido, acrescente-se). Comediógrafos, intérpretes e espectadores fechavam um círculo que seria perfeito, como tinha sido durante decênios, se não estivesse francamente exaurido, entrando já em estado pré-agônico. Um homem experimentado como Procópio Ferreira não dava ao teatro, em 1948, mais do que quinze anos de existência, não admitindo, como medidas salvadoras, nem mesmo os remédios heróicos ministrados pelos amadores:

São injeções de óleo canforado. Aliás, repare como procuram novidades, sofisticações – *Tobacco Road, Desejo, Hamlet* – no afã de agitar o público, tentando uma revivescência inútil. No máximo conseguirão os amadores formar alguns atores, nada mais, pois também não resistirão à pressão econômica, que esta, sim, é um fato respeitável. Eu, contudo, prefiro ficar no que chamam de *ramerrão*. É a única maneira de resistir temporariamente à morte[30].

30. "Melancólica Informação de Procópio", *Jornal das Artes*, São Paulo, n. 1, jan. 1949. Grifo do original.

Procópio enganava-se num ponto: quem estava morrendo era o "ramerrão". Para salvar o teatro, urgia mudar-lhe as bases, atribuir-lhe outros objetivos, propor ao público – um público que se tinha de formar – um novo pacto: o do teatro enquanto arte, não enquanto divertimento popular. A única possibilidade de vencer o cinema consistia em não enfrentá-lo no campo em que ele a cada ano se ia mostrando mais imbatível. A arte de representar e a dramaturgia nacional precisavam de menos, não de mais profissionalismo.

Tarefa que, por necessidade lógica e histórica, só poderia ser levada avante por pessoas que não pertencessem aos quadros do teatro comercial.

2.

A ação renovadora do amadorismo não é fato incomum na história do teatro. Assim aconteceu na França, com Antoine, e na Rússia, com Stanislávski, para que o naturalismo pudesse brotar e florescer. Assim aconteceu nos Estados Unidos, com os *Provincetown Players*, para que Eugene O'Neill reformulasse a dramaturgia americana. O ciclo em suas linhas gerais se repete: um teatro excessivamente comercializado; grupos de vanguarda que não encontram saída a não ser à margem dos palcos oficiais, tendo sobre estes a vantagem de não necessitar tanto da bilheteria para sobreviver; a formação de um público jovem que, correspondendo melhor às aspirações ainda mal definidas do futuro, acaba por prevalecer; e o ressurgimento triunfal do profissionalismo, proposto já agora em bases diversas, não só artísticas mas às vezes até mesmo econômicas e sociais.

No Brasil, esse movimento, esboçado por Álvaro Moreyra na década de vinte, permaneceu durante todo o decênio seguinte como simples possibilidade, manifestando-se de preferência sob a forma de espetáculos avulsos, com muito de mundano, de festinha familiar, mesmo quando efetuados com grande pompa. Somente a partir de 1940 é que o amadorismo começa a ganhar consistência, à medida que a prática, mais do que a reflexão teórica, obrigou-o a delimitar com precisão os seus objetivos. Essa difícil passagem do velho para o novo obedeceu à orientação de um pequeno número de pioneiros, homens nascidos entre 1900 e 1910, acostumados portanto a enfrentar quase sozinhos o pior adversário daquele momento, o descrédito em que havia caído o teatro.

Os dois de mais forte e duradoura presença foram certamente Alfredo Mesquita (1907-1986), em São Paulo, e Paschoal Carlos Magno (1906-1980), no Rio de Janeiro. Ambos impregnados de cultura européia, ambos com passagem pela crítica e com boa bagagem literária, ambos dotados de enorme capacidade de realização, divergiam em tudo o mais, em temperamento, em métodos de trabalho, na trajetória que percorreram. O primeiro, fundador do Grupo de Teatro Experimental e da Escola de Arte Dramática, hoje incorporada à Universidade de São Paulo, caminhou do diletantismo para o rigor profissional, exigindo dos seus discípulos, cada vez mais, disciplina e preparo especializado. O segundo, ao contrário, como diretor do Teatro do Estudante do Brasil ou como incansável animador de festivais realizados nos mais diversos lugares, nunca dispensou por completo aquela margem de improvisação inerente à atividade amadora, exercendo influência mais pelo entusiasmo do que pela preocupação com os aspectos artesanais da arte de representar. Pode-se dizer que Alfredo Mesquita restringiu deliberadamente o seu campo de ação, para explorá-lo em profundidade, empenhando-se em aparelhar moral e tecnicamente o nosso incipiente teatro profissional, ao passo que Paschoal Carlos Magno, agindo antes em extensão, inclusive geográfica, alargou o seu raio de atividades até abarcar praticamente o Brasil inteiro.

Coube, entretanto, a outros da mesma geração, a Brutus Pedreira (1904-1964) e Tomás Santa Rosa (1909-1956), diretores do grupo carioca Os Comediantes, colher em 1943 os primeiros frutos dessa até então pouco articulada campanha, trazendo o teatro para o centro das cogitações nacionais, num golpe de sorte ou

39

de clarividência, através de uma só temporada, mais ainda, de um só incrivelmente bem-sucedido espetáculo[31]. Tal milagre explicava-se pelo encontro entre um drama irrepresentável se não em termos modernos e o único homem porventura existente no Brasil em condições de encená-lo adequadamente. *Vestido de Noiva*, de Nelson Rodrigues (1912-1980), diferia com efeito de tudo o que se escrevera para a cena entre nós, não apenas por sugerir insuspeitadas perversões psicológicas, a seguir amplamente documentadas em outros textos do autor, mas, principalmente, por deslocar o interesse dramático, centrado não mais sobre a história que se contava e sim sobre a maneira de fazê-lo, numa inversão típica da ficção moderna. A essa singularidade inicial, Zbigniew Ziembinski (1908-1978), encenador polonês exilado pela guerra, somou as suas próprias, não menos significativas, pelo menos dentro do nosso acanhado panorama dramático. O que víamos no palco, pela primeira vez, em todo o seu esplendor, era essa coisa misteriosa chamada *mise en scène* (só aos poucos a palavra foi sendo traduzida por "encenação"), de que tanto se falava na Europa. Aprendíamos, com *Vestido de Noiva*, que havia para os atores outros modos de andar, falar e gesticular além dos cotidianos, outros estilos além do naturalista, incorporando-se ao real, através da representação, o imaginário e o alucinatório. O espetáculo, perdendo a sua antiga transparência, impunha-se como uma segunda criação, puramente cênica, quase tão original e poderosa quanto a instituída pelo texto. Não faltou quem atribuísse maldosamente o êxito da peça mais a Ziembinski do que a Nelson Rodrigues.

O choque estético, pelo qual se costuma medir o grau de modernidade de uma obra, foi imenso, elevando o teatro à dignidade dos outros gêneros literários, cha-

---

31. Sobre o Grupo de Teatro Experimental e outros conjuntos amadores paulistas: A. MESQUITA, *Notas Para a História do Teatro em São Paulo*, São Paulo, 1975. Sobre o Teatro do Estudante do Brasil e a ação de Paschoal Carlos Magno: *Dionysos*, n. 23, Rio, Serviço Nacional de Teatro, 1978. Sobre Os Comediantes: *Dionysos*, n. 22, Rio, Serviço Nacional de Teatro, 1975.

mando sobre ele a atenção de poetas como Manuel Bandeira e Carlos Drummond de Andrade, romancistas como José Lins do Rego, ensaístas sociais como Gilberto Freyre, críticos como Álvaro Lins. Repentinamente, o Brasil descobriu essa arte julgada até então de segunda categoria, percebendo que ela podia ser tão rica e quase tão hermética quanto certa poesia ou certa pintura moderna. Evocou-se a propósito a grandeza da tragédia grega, discorreu-se sabiamente sobre os méritos do expressionismo alemão, que na véspera ainda ignorávamos, proclamou-se, com unanimidade raras vezes observada, a genialidade da obra de Nelson Rodrigues.

O ciclo heróico do amadorismo encerra-se em 1948, com a estréia não menos rumorosa de *Hamlet*, apresentada pelo Teatro do Estudante do Brasil. Novamente o encenador era estrangeiro, o alemão Hoffmann Harnisch, novamente se insistiu no caráter expressionista do espetáculo. Mas a revelação, desta vez, era um ator de vinte três anos, Sérgio Cardoso (1925-1972), que vinha nos provar, com inigualável exuberância, que também nós, brasileiros, podíamos representar Shakespeare.

A missão, porém, já parecia agora outra: conter nos limites mais severos do profissionalismo a flama amadora, traduzir em dados orçamentários as conquistas estéticas, evoluir das temporadas fortuitas para a continuidade das companhias permanentes. O teatro não podia viver numa perpétua festa, num estado de exaltação nervosa que exigia demais de todos, atores, críticos e espectadores. Os próprios Comediantes tentaram a transição em 1946, não chegando a encontrar o ponto de equilíbrio que lhes permitisse capitalizar o sucesso de bilheteria e de agitação polêmica, para não falar no artístico, obtido com a montagem de peças como *Desejo* (*Desire under the Elms*, de Eugene O'Neill), ou com remontagens de *Vestido de Noiva*, sempre sob a direção inspirada de Ziembinski.

Nesse momento em que o teatro novo, ou permanecia para sempre algo amadorístico, auferindo as vantagens e sofrendo as desvantagens do vanguardismo, ou

41

se inscrevia resolutamente nos quadros da normalidade empresarial, dependendo mais do público e menos de incentivos passageiros, mostrou-se fundamental o papel desempenhado por duas atrizes-encenadoras, ambas nascidas também entre 1900 e 1910.

Dulcina de Morais, filha de bons atores da velha guarda (Átila e Conchita de Morais), ela mesma tendo estreado ainda adolescente na companhia de Leopoldo Fróes, construíra com pertinácia uma carreira de comediante, um pouco na linha fantasista de Elvire Popesco, de quem reencenou não poucos sucessos parisienses. O seu repertório não ia além do *vaudeville* bem-acabado, tipo Louis Verneuil, mas os espetáculos que oferecia a um público predominantemente feminino já se distinguiam pelo apuro material e pela homogeneidade do elenco. Tendo-se tornado, em meados da década de quarenta, o maior nome do teatro brasileiro, jogou com grande desprendimento todo o seu prestígio artístico e popular na aventura da renovação, subindo, em algumas poucas e corajosas temporadas, da comédia ligeira à comédia de idéias (Bernard Shaw, Giraudoux), ao drama (*Chuva*, de Somerset Maugham) e ao teatro poético (*Bodas de Sangue*, de García Lorca).

Henriette Morineau, francesa de nascimento e de formação, fora descoberta no Rio de Janeiro por Louis Jouvet, participando de seu elenco durante o período em que este, uma das maiores figuras do teatro universal, permaneceu no Brasil, afastado da Europa pela guerra. Mais tarde, já falando o português com desembaraço mas sem perder o forte sotaque de origem, Mme. Morineau fundaria, em 1946, Os Artistas Unidos, companhia que por muitos anos seria apontada como modelo de bom profissionalismo. Foi ela, por exemplo, quem nos deu a conhecer o teatro americano de pós-guerra, encenando *A Street Named Desire*, de Tennessee Williams, sob o título, julgado mais provocante, de *Uma Rua Chamada Pecado*.

Nenhuma das duas, em verdade, podia competir com Ziembinski em imaginação e originalidade de visão. Mas pela seriedade de suas montagens (caindo às vezes no luxo excessivo, nem sempre de bom gosto, no caso de Dulcina), bem como por suas qualidades invulgares, quer artísticas, quer pessoais, pesaram ambas decisivamente sobre o público, inclinando-o para o lado dos espetáculos menos rotineiros.

A consolidação do que poderíamos chamar de novo profissionalismo veio em 1948, com a criação do Teatro Brasileiro de Comédia. Até aquele instante o centro da criatividade dramática havia sido o Rio de Janeiro, não faltando motivos para que assim acontecesse. Não só contava ele com uma tradição modernista que, apesar dos pesares, remontava ao Teatro de Brinquedo, como era a única cidade que, pela proximidade física e política, tinha possibilidade de pleitear e eventualmente receber subvenções governamentais, como sucedeu, notadamente, em 1937, com a Companhia de Arte Dramática, dirigida por Álvaro Moreyra, e com Os Comediantes, em 1939[32].

O TBC – sigla que logo se popularizaria no meio teatral – deslocou a iniciativa para São Paulo. É que um engenheiro industrial, Franco Zampari (1898-1966), nascido na Itália mas radicado desde a mocidade no Brasil, dispusera-se a colocar a sua não pequena experiência de homem de negócios a serviço do palco, dando-lhe uma estrutura administrativa como ele nunca tivera. O seu programa, esteticamente, não se distanciava muito do que já se fazia no Rio, apoiando-se sobre dois pilares de comprovada solidez: textos consagrados e encenadores estrangeiros. A diferença seria antes de caráter empresarial, consistindo numa economia interna mais perfeita e num considerável salto quantitativo. Em vez de um diretor europeu, dois ou três (de preferência italianos); em vez de oito ou dez atores contratados, quinze ou vinte[33]. Como repertório, para equilibrar receita e

---

32. Cf. GUSTAVO DÓRIA, *Moderno Teatro Brasileiro*, Rio, Serviço Nacional de Teatro, pp. 38, 77.

33. Em 1953 o TBC chegou a ter 47 pessoas em sua folha de pagamento: 18 atores, 4 encenadores, 1 cenógrafo, 11 auxiliares técnicos e 13

despesa, clássicos universais, antigos ou modernos, alternavam-se com peças de apelo popular, em geral comédias americanas ou francesas. Todos os originais, no entanto, bons ou maus, mereciam o mesmo tratamento cênico esmerado, tentando-se recuperar através do espetáculo o que porventura se perdera na qualidade literária. O Brasil saía assim do seu casulo, atualizava-se e internacionalizava-se, travando conhecimento com autores tão diversos quanto Sófocles e William Saroyan, Oscar Wilde e Schiller, Gorki e Noel Coward, Arthur Miller e Pirandello, Goldoni e Strindberg, Ben Jonson e Anouilh.

Oito diretores europeus, seis italianos e um belga (Maurice Vaneau), além de Ziembinski, passaram pelo TBC em seus quinze anos de existência. Mas nem lá permaneceram, nem se limitaram a atuar em São Paulo, de modo que podemos estender sem medo a sua influência à totalidade do teatro nacional. A princípio, mais que encenadores, foram professores, *stricto sensu*, alguns deles, e todos no sentido mais generoso da palavra, ao transformar simples amadores em competentes profissionais, preparando toda uma geração que, pelo lado técnico, continua a ser a mais brilhante do Brasil. Revelaram-se preciosos, nessa fase de aprendizagem, o virtuosismo de um Ziembinski, capaz de encarnar durante os ensaios qualquer personagem, e a sólida formação cênica de Adolfo Celi (1922-1986), o primeiro diretor artístico do TBC, Luciano Salce e Flaminio Bollini (1924-1978), os três diplomados pela Academia de Arte Dramática, de Roma. Em complemento a este trabalho de base, estenderam-se muitos deles em outras direções, seja a de cenografia, como Gianni Ratto, já reputado profissional ao deixar a Itália, seja a da crítica, como Alberto D'Aversa (1920-1969), e particularmente Ruggero Jacobbi (1920-1981), autor, entre outros ensaios,

---

funcionários. Tanta prodigalidade justificava-se em parte pela associação com a Companhia Cinematográfica Vera Cruz. Sobre o TBC: *Cenografia e Indumentária no TBC*, São Paulo, Edição Fundação Padre Anchieta, 1980; *Dionysos*, Rio, Serviço Nacional de Teatro, n. 25, 1980; ALBERTO GUZIK, *TBC: Crônica de um Sonho*, São Paulo, Perspectiva, 1986.

de um livro sobre o teatro brasileiro publicado na Itália. A cultura européia, em suma, pesou em todos os níveis, dos técnicos até o da difusão de idéias. Coube a Flaminio Bollini, por exemplo, revelar o teatro épico de Brecht em sua mais pura ortodoxia, ao dirigir *A Alma Boa de Se-Tsuan*, em 1958, para a companhia Maria Della Costa-Sandro Polloni.

O TBC durou muito, pelos critérios nacionais: dez anos sob a direção de Franco Zampari, e mais cinco, aproximadamente, sob outras orientações, entre as quais a da Comissão Estadual de Teatro de São Paulo. Sucediam-se os encenadores, revezavam-se os atores, mas o espírito da companhia e o nível do elenco mantinham-se com poucas oscilações. Sendo para os intérpretes uma espécie de campo neutro, onde todos podiam se exercitar e competir mas nenhum aspirar à chefia absoluta, nunca deixou de se renovar, já que à saída dos veteranos, que partiam para formar os seus próprios conjuntos, correspondia sempre a entrada de uma nova leva, menos experiente mas não menos capacitada. Nesse sentido foi durante uma década o denominador comum do palco brasileiro, ao mesmo tempo que o seu mais alto padrão de qualidade. A lista completa dos atores que por lá passaram daria um verdadeiro *Who's Who* do teatro nacional, incluindo desde Cacilda Becker (1921-1969), que por ter sido das primeiras em ordem cronológica e talvez a maior artisticamente ficou como emblema de toda uma geração, desde Maria Della Costa, Tônia Carrero, Cleide Yaconis, Nydia Licia, Sérgio Cardoso, Paulo Autran, Jardel Filho, Sergio Brito, até Fernanda Montenegro, Natália Timberg, Teresa Raquel, Fernando Torres, Walmor Chagas, Léo Vilar, Juca de Oliveira, Gianfrancesco Guarnieri, Raul Cortez (só citando, um tanto ao acaso, alguns poucos nomes).

A empresa de Franco Zampari não foi, claro está, a única a proporcionar bons ou excepcionais espetáculos durante o período. Se ela merece tanto destaque será antes por ter encarnado com mais persistência e maior soma de recursos as aspirações da época. Tomando-a, portanto, como ponto de referência, poderemos cotejar a década de cinqüenta, em suas linhas mestras, com a de trinta, medindo de passagem o caminho percorrido.

Os teatros, em comparação com os amplos edifícios do começo do século, haviam como que encolhido. Nada de frisas, camarotes, balcões, galerias. Apenas a platéia, reduzida via de regra a trezentos ou quatrocentos lugares. O palco diminuíra em altura e profundidade, perdendo ainda o fosso da orquestra. Na maioria dos casos, não se tratava nem mesmo de salas de espetáculos construídas para tal fim, mas de adaptações um tanto quanto improvisadas, a cujas irregularidades a polícia e o corpo de bombeiros fechavam os olhos. O que significavam tais modificações não é difícil de interpretar: o teatro aceitara finalmente a sua posição secundária como diversão popular, renunciando aos gêneros musicais, mais dispendiosos e mais lucrativos, para se concentrar no drama e na comédia.

O outro lado da medalha, contudo, não deixava de apresentar aspectos francamente compensatórios. Os atores, desobrigados de projetar a longa distância a voz e a máscara, podiam dar-se ao luxo de desempenhos mais sóbrios, próximos do intimismo e da verossimilhança introduzidos pelo cinema. A dicção não tinha de ser tão cuidada, não caindo naquele desagradável martelamento silábico não incomum na velha geração. A vantagem maior, no entanto, dizia respeito aos objetivos visados. Se o grande público já não comparecia ao teatro, por que não recorrer aos pequenos públicos, aos *happy few* das artes de vanguarda? O enfraquecimento econômico não podia servir de trampolim para o renascimento artístico? Expressiva de tal estado de espírito era a sofreguidão com que as jovens companhias buscavam uma sede permanente, a exemplo do TBC, fugindo à servidão da itinerância. O teatro estabilizava-se, não apenas para sobreviver mas para defender-se contra as tentações da comercialização. O desprendimento herdado do amadorismo funcionava a um só tempo como solução prática e como alvo moral. Que todos servissem ao teatro, já que ele mal conseguia servir-se a si mesmo.

Não sendo mais comércio, tinha forçosamente de ser arte.

Pelo lado interno, as alterações processadas não pareciam menores. O comando passara das mãos do primeiro ator, preocupado principalmente em escolher o repertório mais propício à sua carreira, para as do encenador, que, entre outras atribuições, tinha a de conter dentro de limites toleráveis a vaidade natural de cada intérprete. A sua tarefa específica, como se sabe, era a de harmonizar os diferentes elementos constitutivos do espetáculo, integrando na mesma leitura da peça as diversas individualidades (cenógrafo, figurinista, atores, técnicos de luz e de som) envolvidos na criação teatral. Mas este poder absoluto ele não o devia exercer em benefício próprio. Acima de tudo e de todos, conforme a lição de Stanislávski e de Copeau, brilhava, intangível, o texto literário. Não admira, em face disso, que os ensaios começassem em torno de uma mesa, onde se procediam com rigor quase acadêmico as análises preliminares – psicológicas, sociais, filosóficas, estilísticas –, que seriam, já no palco, transmudadas em signos cênicos e interpretativos.

O ator, paradoxalmente, não era o menos favorecido por tal sistema. Instigado pelo encenador, que não o deixava cristalizar-se em achados fáceis ou maneirismos pessoais, beneficiava-se ainda com a estreiteza artística das gerações anteriores, que quase só haviam explorado um gênero, entre o *vaudeville* francês e a velha comédia de costumes brasileira. Os movimentos que fecham o século XIX – naturalismo, simbolismo – e os que abrem o século XX, a partir do expressionismo, permaneciam virgens para o palco nacional, como também o eram a tragédia antiga e o drama moderno, e até mesmo a comédia um pouco mais requintada em seus procedimentos.

Autorizados pelo ecletismo do repertório, lançaram-se os nossos intérpretes em múltiplas direções, procurando reproduzir em cena um pouco de tudo: a sofisticação inglesa – ou aquilo que nos atores não ingleses parece sempre sofisticação; a malícia do *boulevard* parisiense; o balbuciante realismo nacional; as modulações de voz, próximas do canto, do teatro grego; a intensidade emocional e física das peças americanas. Os resultados variavam do péssimo ao excelente, mas deixando sempre um saldo favorável, um alargamento dos meios expressivos. Este tateamento não se completava sem a pesquisa técnica, visto que se tornava necessário inventar, em língua portuguesa, com gestos e inflexões forçosamente nossos, soluções dramáticas que correspondessem aos modelos estrangeiros. Tratava-se, na verdade, de um experimentalismo, mas de tipo especial: a recriação em termos nacionais de práticas alheias.

O corte histórico revelou-se tão abrupto que cindiu os atores em dois blocos exclusivos. Os elencos egressos de amadorismo não admitiam normalmente intérpretes de mais de trinta anos – Sadi Cabral (1906-1986) e Eugenio Kusnet (1898-1975) foram honrosas exceções –, não por intolerância geracional, embora esta também existisse, mas por incompatibilidade de métodos e estilos. A quem se habituara a meses de ensaio, para dar um pequeno e significativo exemplo, a presença do ponto, mais do que uma inutilidade, afigurava-se um estorvo. As falas tinham de vir de dentro, com as inflexões ditadas pela convicção interior. Já atores como Jaime Costa e Procópio Ferreira, não obstante a longa prática, ou talvez por causa dela, não se sentiam seguros no palco sem aquela voz sussurrante que garantia a continuidade do espetáculo. Modesto de Souza, bom intérprete de papéis populares, criador de "Cachacinha" na comédia *Anastácio* de Joracy Camargo, negou-se a trabalhar no TBC, então em seu apogeu, porque julgava a ausência de ponto um desrespeito à profissão. O mesmo se diga com referência ao "caco", às improvisações em cena. Para os veteranos, surgia ele como o complemento indispensável da peça, emprestando à representação o seu toque final. Os jovens, em contrapartida, não podiam considerá-lo senão uma insuportável excrescência. A dignidade do ator residia no respeito ao texto. Ele era o executante, não o compositor ou o maestro.

Não se compreenderia bem o internacionalismo do período sem o pano de fundo da Segunda Guerra Mundial. Do lado de cá do Atlântico, estávamos ansiosos por reatar laços momentaneamente rompidos. Do lado de lá, dificuldades econômicas facilitavam o êxodo de artistas e intelectuais. O que sucedia no teatro, acontecia igualmente nas artes plásticas, com a realização das primeiras Bienais paulistas, e nas universidades, com a política de contratação de professores europeus. O Brasil sentia a necessidade de expandir-se, escapar de quadros demasiado provincianos, ter acesso à comunidade internacional.

Duas tendências dominavam o pós-guerra, parecendo configurar o teatro do futuro. A que nos vinha da França, por intermédio das peças de Sartre e Camus, incitava-nos a trabalhar em torno de conceitos e abstrações ("essência" e "existência" tornaram-se de uma hora para outra palavras mágicas), num engajamento filosófico que prenunciava, talvez, os próximos engajamentos políticos. A proveniente dos Estados Unidos, mais concreta, mais perto de nós, inclusive por influência do cinema, conservava do naturalismo principalmente o interesse pelo indivíduo, a curiosidade em relação às raízes da personalidade humana, não as encontrando, contudo, como fazia Zola, na herança biológica. As mãos de um Tennessee Williams e de um Arthur Miller entrelaçavam habilmente causas e efeitos, fundiam presente e passado num só tempo cênico, que já não era o cronológico, da mesma forma que os cenários, sem cortar as amarras com a realidade, começavam a se abrir para as fugas da imaginação, captando, lado a lado, graças à magia da iluminação, o objetivo e o subjetivo, os fatos reais e as digressões da memória afetiva. O determinismo permanecia como doutrina, ou como hipótese, mas sem a primitiva rigidez. Tentava-se, em síntese, menos negar que transcender o realismo, transfigurando em poesia dramática as análises psicológicas e as explicações sociais.

Ao representar peças estrangeiras entrávamos na posse de um patrimônio a que também tínhamos direito

— e nem foi outro o processo pela qual manifestações literárias de tão fortes raízes nacionais como o romantismo e o modernismo se aclimataram em solo brasileiro. Diante de nossa inocência teatral, encenar um García Lorca ou um Sartre, um Bernard Shaw ou um O'Neill, significou em certo momento uma aventura tão revolucionária quanto, logo após a Semana de Arte Moderna, escrever um poema livre, à maneira de Blaise Cendrars, ou pintar um quadro de inspiração cubista.

O internacionalismo, se estimulou certos setores, não deixou de inibir momentaneamente outros. Os candidatos a encenador – encenador brasileiro capaz de competir com os estrangeiros não havia mesmo nenhum – ou se refugiavam à sombra dos europeus, como assistentes de direção, ou iam buscar na fonte, de preferência na França e nos Estados Unidos, os conhecimentos que lhes abririam as portas do teatro. O momento era de aprender em silêncio, ninguém se arriscando a confrontos prematuros e desiguais.

Quanto à criação literária, também ela passou por uma fase difícil de adaptação. Os mais arrojados entre os nossos autores saíram a campo para enfrentar os de fora no próprio terreno deles, se assim podemos dizer. Na primeira temporada moderna de repertório estritamente nacional, a da companhia Fernando de Barros, em 1949, encabeçada por Tônia Carrero, Ziembinski e Paulo Autran, duas peças, justamente as de maior sucesso, passavam-se em tempos e terras distantes. *Amanhã se não Chover*, de Henrique Pongetti (1898-1979), colocava em cena anarquistas europeus de fins do século, que pareciam então, ao contrário de hoje, ridiculamente anacrônicos e simpaticamente inofensivos. *Um Deus Dormiu lá em Casa*, de Guilherme Figueiredo, traduzia em linguagem tropical, de irreverente comicidade carioca, o enredo clássico de *Anfitrião*, nascido na Grécia e rejuvenescido em termos franceses por Jean Giraudoux nas vésperas da guerra. Tanto bastou para que a crítica saudasse com entusiasmo o seu autor como o Giraudoux brasileiro.

Em outra temporada com a mesma orientação nativista, a da companhia organizada pelo Serviço Nacional de Teatro em 1953, novamente dois originais não tratavam de assuntos locais. *A Canção dentro do Pão*, de R. Magalhães Jr., farsa de qüiproquós não destituída de graça e leveza, ocorria em Paris durante a Revolução Francesa, enquanto *A Raposa e as Uvas*, também de Guilherme Figueiredo, tinha como pretexto as fábulas de Esopo, partindo daí para narrar, por sua vez, uma espécie de fábula dramática sobre a liberdade humana.

Por duas vezes cruzamos com o nome de Guilherme Figueiredo – e não por acaso. Foi ele, efetivamente, quem explorou mais metodicamente o filão internacionalista, de aproveitamento dos grandes mitos literários ocidentais, justificando-se, a propósito das obras citadas, com as seguintes palavras:

> Insisto em dizer que uma e outra peça – assim como *A muito Curiosa História da Matrona de Efeso* e *Os Fantasmas*, que com elas completam o volume das *Quatro Peças de Assunto Grego*, publicado pela Editora Civilização Brasileira – são, pelo tratamento do assunto, pela intenção do conteúdo, pela linguagem, peças brasileiras, tanto quanto a Grécia seria francesa com Racine, alemã com Goethe, inglesa com Shakespeare[34].

Para alguma coisa, de resto, valeu-lhe a universalidade clássica: ele foi dos autores nacionais mais representados no exterior durante o período, sobretudo por intermédio de *A Raposa e as Uvas*, não obstante a sua pesada retórica.

O próprio Nelson Rodrigues, tão entranhadamente carioca, não permaneceu de todo imune à tentação universalizante. As peças que denominou "tragédias", escritas muitas delas em sucessão imediata a *Vestido de Noiva*, inspiravam-se no modelo supremo com que tantas vezes lhe acenara a crítica – o teatro grego, nada menos que o grande teatro grego, de Ésquilo, de Sófocles, de Eurípedes. Mas a travessia da Grécia para o Brasil não se fizera sem intermediários. Eugene O'Neill, querendo criar em moldes clássicos a tragédia america-

---

34. G. FIGUEIREDO, *A Raposa e as Uvas, Um Deus Dormiu lá em Casa*, 2. ed., Rio, Civilização Brasileira, 1970. Prefácio (sem numeração de página).

na, procurou em *Mourning Becomes Electra* um equivalente atual para a noção de Destino, encontrando-o na psicanálise, nos complexos complementares de Electra e de Édipo, possível ponto de junção entre a Fatalidade religiosa de outrora e o moderno determinismo psicológico. O homem de fato está condenado, conclui O'Neill, mas não por deuses, por seus demônios interiores. Esse, indubitavelmente, o alicerce de peças como *Álbum de Família, Anjo Negro, Senhora dos Afogados*, concedendo-lhes uma inconfundível semelhança com a tragédia grega: enquanto forma, por exemplo, a divisão nítida entre os protagonistas, portadores dos conflitos, e o coro que emoldura a ação, formada por vizinhos, parentes, circunstantes; e enquanto conteúdo, as famílias marcadas pelo sofrimento, designadas para o dilaceramento interior, com a maldição que as obriga ao crime e ao castigo passando de pais a filhos. O incesto é a única lei que conhecem, já que nem para o amor nem para o ódio conseguem sair de si mesmas. As antinomias em que se debatem são sempre extremas – pureza ou impureza, puritanismo ou luxúria, virgindade ou devassidão, religiosidade ou blasfêmia –, em consonância com os sentimentos individuais que se definem (ou se indefinem) pela ambivalência, indo e vindo constantemente do pólo da atração para o da repulsão, em reviravoltas bruscas que proporcionam as surpresas do enredo. A psicanálise não é um dado científico, nem uma reflexão pessoal sobre a conduta do homem, mas apenas o suporte sobre o qual se constrói o edifício dramático. As personagens são brasileiríssimas e do nosso tempo, mas sem que exista nessas peças qualquer intuito de retratar a realidade em seus níveis habituais, psicológicos ou históricos. Teríamos, quando muito, a irrupção, surpreendente no contexto do cotidiano, de impulsos primevos, elementares – e aí é que estaria o laço de parentesco com a tragédia grega, na interpretação dada a esta por Freud.

Paralelamente, Nelson Rodrigues, brincando com os gêneros teatrais, ia escrevendo as suas "tragédias cariocas" e "tragédias de costumes" (*A Falecida, Boca de*

Ouro, Beijo no Asfalto, Perdoa-me por me Traíres), ligadas mais de perto à paisagem social do Rio de Janeiro, além de esporádicas "divinas comédias" (*Os Sete Gatinhos*) e até mesmo algumas "farsas irresponsáveis" (*Dorotéia, Viúva porém Honesta*), o máximo de irresponsabilidade que o palco se pode permitir, posto que a farsa, por si mesma, já não costuma responder por nada do que faz em cena.

As opções de Nelson Rodrigues não foram as que então se esperavam. Crítica e público desapontavam-se com o clima crescentemente mórbido de sua dramaturgia, com o acúmulo de situações anômalas e de pormenores desagradáveis, com as quebras cada vez mais freqüentes da lógica e da verossimilhança. Ele parecia ferir de propósito, pelo prazer de quebrar barreiras morais e estéticas, tanto o bom senso quanto o bom gosto. A classe teatral não o desamparou em suas lutas contra a censura, que interditou muitas de suas peças, porém mais por dever de ofício, por solidariedade artística, sem a certeza de que seria mesmo aquele o melhor caminho para o teatro brasileiro. Em última análise, ninguém sabia bem como julgá-lo – gênio ou talento superficial e sensacionalista, poeta maldito ou simples manipulador, embora hábil, de enredos melodramáticos?

Dois escritores nem que quisessem conseguiriam universalizar-se, no sentido de escapar ao Brasil, por sua especialidade – o teatro cômico, sempre mais circunstancial – e também por seu tipo de saber dramático, derivado do contato com o palco, não de leituras. Homens de poucas veleidades literárias, desviados de prósperas carreiras liberais pelo avanço social do teatro, que lhes facultava passar à cena sem desdouro, o forte empirismo de suas peças não os impediu de se tornarem importantes chamarizes de bilheteria. É que falavam, mais que de seu país, da cidade onde haviam nascido e onde moravam, Rio e São Paulo respectivamente, com pleno conhecimento de causa.

Silveira Sampaio (1914-1964) retratou Copacabana na *Trilogia do Herói Grotesco (A Inconveniência de Ser*

Esposa, de 1948; *Da Necessidade de Ser Polígamo* e *A Garçonnière de Meu Marido*, de 1949), no momento exato em que a esposa, a tradicional dona-de-casa, principiava a arrogar-se direitos "psico-sexo-sentimentais" (a expressão é dele) idênticos aos do marido. O mecanismo das três peças praticamente se sobrepõe: no primeiro ato, o homem, seguro de si, afirma com grande liberalidade as suas aspirações ao amor fora e acima do casamento; nos dois restantes – e é isso que o surpreende, arrancando-lhe frases do mais inflamado moralismo – percebe que a mulher, não qualquer uma, mas a sua, a companheira sacrossanta do lar, não só o acompanha mas até o ultrapassa em tal direção, completando a poligamia com a mais descarada poliandria. O contraste entre as palavras altissonantes – "não há mais pudor... mais dignidade... mais nada"[35] – e a nova realidade sexual acentuava-se através de processos clássicos na comédia: a simetria, a inversão de perspectiva, a repetição das mesmas falas em situações opostas. O homem de sociedade, fino, educado, bem-falante, desconjuntava-se – na personalíssima interpretação do autor – frente à traição conjugal, transformando-se de repente num caricato boneco de engonço, de voz fanhosa, traços apalermados, pernas desconexas e exageradamente compridas – a imagem do ego masculino ferido em sua vaidade. Nem esse estilo cômico, que a crítica aproximou do expressionismo pelo grotesco, nem esse adultério estranhamente bilateral, tinham qualquer coisa a ver com a tradicional comédia brasileira, que admitia no máximo ligeiras escapadelas masculinas. Se algo ainda faltou a Silveira Sampaio foi o que o meio não lhe exigiu, um esforço maior no sentido de extrair as últimas conseqüências das ótimas idéias que tinha, não as deixando no estágio de esboço interessante. A sua peça mais equilibrada enquanto estrutura, por essa razão, talvez seja um curto e esquemático apólogo político. *Só o Faraó Tem Alma* (1950) punha em foco o populismo, tra-

---

35. S. SAMPAIO, *A Trilogia do Herói Grotesco*, Rio, Civilização Brasileira, 1961, pp. 69, 39.

tando com igual mordacidade o demagogo que se vale das massas para subir e as classes detentoras do poder – realeza, clero, forças armadas – que o atraem somente para melhor destruí-lo, deixando a plebe tão necessitada, tão destituída de alma, quanto antes. Não havia quem não percebesse a analogia entre o antigo Egito e uma terra que todos conheciam muito bem nesses primeiros tempos de eleições livres, após os quinze anos de Getúlio Vargas.

Abílio Pereira de Almeida (1906-1972) encarava por outro ângulo as modificações que ao mesmo tempo se operavam em São Paulo. Do meio para o fim as suas comédias tendiam a cair no dramalhão, à medida que o observador de costumes cedia lugar a um feroz e limitado moralista. Ao passo que Silveira Sampaio parecia dizer "como tudo isso é divertido", sem se manifestar pró ou contra, Abílio não calava a sua indignação (em parte falsa, para satisfazer a platéia) perante o que, sem a leveza carioca, assumia ares desagradáveis de devassidão burguesa. Peças como *Moral em Concordata* (1956) e *Rua São Luis, 27, 8º Andar* (1957) revelavam uma alta sociedade pouco imaginosa até em seus prazeres materiais, não acreditando nos próprios valores mas incapaz de encontrar substitutos para eles. O que em circunstâncias diversas poderia ser tido como liberação sexual expunha-se como pura depravação, tirando da baixeza motivos extras de comprazimento. Daí a ambigüidade dessa dramaturgia alegre por fora e amarga por dentro, que saciava duplamente o público, tanto ao exibir quanto ao condenar o vício.

As suas peças mais penetrantes são as relacionadas com o dinheiro, considerado tacitamente como a força motriz das ações humanas. A contradição entre a consciência moral do indivíduo e a prática coletiva, entre a difícil honestidade pessoal e a irresistível impulsão para o enriquecimento lícito ou ilícito, inspirou-lhe cenas bem menos convencionais, de sutil acomodação entre palavras e atos, de transações que não se formalizam, ficando nas entrelinhas. *Santa Marta Fabril S.A.* (1953) e *...Em Moeda Corrente do País* (1960) reproduzem com exatidão fotográfica – e também com as limitações da fotografia – dois momentos importantes da vida brasileira: a reconciliação entre Getúlio Vargas e a indústria paulista, ambos desejosos de sepultar no esquecimento a rebeldia de 1932; e a onda generalizada de corrupção, apanhando grandes e pequenos, que acompanhou o furor desenvolvimentista desencadeado por Juscelino Kubitschek, quando o lema nacional, mais do que nunca, passou a ser aquele "Enrichissez-vous!" lançado por Louis-Philippe aos franceses em 1830.

Bom observador (e a sua banca de advocacia deve ter-lhe valido como excelente posto de escuta), hábil no manejo do diálogo teatral, Abílio só não se completou por não possuir um arcabouço literário e ideológico mais sólido. Formalmente, perseguiu durante anos a técnica da "peça bem-feita", não a alcançando a não ser quando ela já dava sinais evidentes de esgotamento. Moralmente, não dispunha de um ponto de vista político ou social que lhe ensejasse ir além de lamentações inócuas, do gênero "está tudo errado mas o que é que se há de fazer?" Desbravador de terreno, em sua condição de primeiro comediógrafo paulista, tentado além do mais pelo sensacionalismo que lhe proporcionou mais de uma vez polpudos rendimentos, estava destinado a enxergar de longe a terra prometida da nova dramaturgia sem nunca chegar a ingressar nela.

Pedro Bloch – para não esquecer nenhum dos autores de sucesso do período – foi o mais desinibidamente comercial dos três, não tanto por amor à bilheteria – médico, como Silveira Sampaio, não dependia do palco – mas porque os seus limites, como pensador e como especialista em teatro, coincidam exatamente com os do grande público. Ele nunca hesitou em compor peças sob medida para determinadas personalidades (*Dona Xepa* para Alda Garrido, em 1952) ou em imaginar situações carregadas de melodramaticidade, abrindo as comportas para o histrionismo latente em tantos atores, mesmo entre os maiores.

As Mãos de Eurídice correu mundo, a partir de sua primeira representação brasileira, feita por Rodolfo Mayer em 1950, porque tinha a sabedoria, ou a esperteza, de comprimir todo um elenco imaginário de personagens – marido, mulher, amante, sogro, sogra, filhos – na figura de um único intérprete. Através das reminiscências caóticas deste é que se definiam espaço e tempo, é que revivia para o público a sua constelação familiar. Mas esta liberdade formal, esta licença poética própria do teatro moderno funcionava apenas para que o protagonista, arrependido de sua fuga ao lar, voltasse à esposa ao cair do pano, exclamando com ênfase equivalente às maiúsculas do texto: "DULCE! EU VOLTEI, DULCE!" Chora e ri ao mesmo tempo e cai de joelhos como em prece. "EU VOLTEI!". Se o sentimentalismo parecer excessivo bastará lembrar a escusa que o autor – ou alguém por ele – colocou no prefácio de *Esta Noite Choveu Prata!* (1957), outra peça, seja dito de passagem, com várias personagens distintas e um só ator verdadeiro no palco:

> Sim, a peça tem muita coisa simples e primária. Não tenhamos vergonha nem da simplicidade, nem do primarismo. É a volta ao sentimento primário, o pisar de novo a terra com pé descalço, que dão à vida sua verdadeira beleza, sua autenticidade verdadeira (*sic*). O mundo atravessa os momentos que atravessa porque ignora a profundidade das coisas mais simples[36].

Do seu teatro, em qualquer caso, restou uma lição que não tem sido esquecida. A peça com duas ou três personagens, se o monólogo não for mesmo exeqüível, acaba por agradar a todos: aos empresários, pela economia; aos atores, por isolá-los, ressaltando-os em cena; e ao público, por se prestar às exibições de virtuosismo.

Guilherme Figueiredo, ao encaminhar-se a década de cinqüenta para o seu final, traçou com muito espírito de síntese um panorama que destacava seja o progresso realizado, seja as esperanças relativas ao futuro:

> O teatro brasileiro se abre em largas e promissoras perspectivas. A qualidade da criação melhora; o público se torna mais denso; os editores se voltam para as obras teatrais; o comentarista, o crítico, o repórter ga-

---

36. P. BLOCH, *As Mãos de Eurídice* e *Esta Noite Choveu Prata*, Rio, Edições de Ouro, s/d, pp. 106, 117.

nham mais espaço nas revistas, jornais, emissoras de rádio e televisão; os cursos oficiais e particulares começam a apresentar o resultado dum ensino que aos poucos se sistematiza; os teatros estudantis e de amadores se multiplicam; o rádio, o cinema e a televisão já oferecem um relativo campo de estabilidade para o ator; as companhias e grupos aceitam a concepção de "teatro com um todo", exigindo igual compreensão por parte dos atores, diretores, cenógrafos, músicos e técnicos, (...) porções da sociedade economicamente confortável desta terra pobre reservam aparas do seu esbanjamento para o mecenato teatral; e até o homem público brasileiro, em geral tão alheio ao que não se refira a cargos e nomeações, ao gosto fisiológico do poder, já se ensaia em toscas sugestões de amparo, breves centelhas de legislação no meio da politiquice sem Política, visando ao teatro como expressão de gênio de um povo. Tudo isto indica um crescente interesse geral pelo teatro.

E acrescentava, em outro período e outro tom:

É para este interesse que pretendo trazer a minha contribuição, na tentativa de seduzir uma geração de jovens escritores que não é mais a minha, e pode ter a ventura de se formar fora do signo do autodidatismo[37].

Guilherme Figueiredo tinha razão tanto no entusiasmo com que saudava o renascimento do teatro quanto na ligeira restrição que terminava por fazer, aludindo ao autodidatismo dos autores nacionais. A sua geração conseguira o milagre de ressuscitar uma arte julgada moribunda, tocando-lhe em alguns pontos essenciais. O repertório alargara-se de modo a incluir o passado clássico e o presente europeu ou americano. O encenador ascendera de funções meramente práticas para as de verdadeiro criador do espetáculo. O ator libertara-se da eterna farsa nacional. E o público voltara, em quantidade não suspeitada nem mesmo pelos mais otimistas. As primeiras representações do TBC, para conservar o nosso paradigma, ficavam em cartaz de três a quatro semanas, atraindo um público médio de dez mil pessoas. Quinze anos depois, *Os Ossos do Barão*, de Jorge Andrade, com direção de Maurice Vaneau, teve cento e dez mil espectadores, permanecendo em cena por mais de um ano. Não era uma companhia isolada mas todo o teatro que avançava, causando uma euforia coletiva de que dão bom testemunho as palavras de Guilherme Figueiredo. Em números absolutos, a comu-

---

37. G. FIGUEIREDO, *Xantias, Diálogos Sobre a Criação Dramática*, Rio, Civilização Brasileira, 1957, pp. 2-3.

nidade teatral continuava pequena mas, crescendo em progressão geométrica, ocupava momentaneamente o centro das atenções.

Esse interesse avultava ainda pela freqüência com que éramos visitados pelos melhores conjuntos franceses e italianos – ou seja, sobretudo àquela altura, alguns dos melhores do teatro ocidental. Entre 1950 e 1959, não extrapolando da década, estiveram no Brasil a Companhia Madeleine Renaud-Jean-Louis Barrault (duas vezes), a "Comédie Française" (duas vezes), o Teatro Nacional Popular, de Jean Vilar, o Teatro Nacional da Bélgica, a Companhia Gasmann-Torrieri-Squarzina, o "Piccolo", Teatro de Milão (pequeno só no nome), a Companhia Buazelli-Proclemer-Albertazzi, a Companhia dos Jovens (Giorgio De Lullo, Rossela Falk, Anamaria Guarnieri, Romolo Valli), o Teatro Estável da Cidade de Gênova e o Teatro Estável da Cidade de Turim. Por entre a variedade de autores apresentados, de Shakespeare (três produções) a Arthur Miller; de Molière, Beaumarchais, Marivaux, Victor Hugo, Balzac a Feydeau, Claudel, Montherlant, Ghelderode; de Ruzzante, Goldoni, Alfieri a Pirandello, Ugo Betti; e por sobre a diversidade de estilos e de propostas, muitas já apontando para a década de sessenta, pairava um padrão que poderíamos classificar de internacional: montagens ricas, grandes elencos, repertório em parte clássico, cenografia (mesmo quando reduzida a dispositivos cênicos) e indumentária faustosas. Era um teatro sereno, requintado, imaginoso, bem cuidado material e artisticamente, a meio caminho entre o realismo e a estilização poética, ainda não sensibilizado pelas convulsões revolucionárias que se aproximavam. O modernismo fora digerido, assimilado, perdendo a agressividade dos primeiros "ismos" – futurismo, dadaísmo, surrealismo. Quanto à política, anunciava-se ela, nesse interregno de "guerra fria", mais como confronto de potências que como experiência revolucionária pessoal.

Esse o quadro no qual o Brasil desejava ingressar. O teatro, se não figurava entre as mais vanguardistas de suas artes, parecia sem dúvida a mais inquieta, a de

59

maior vitalidade no momento. Certas nuvens, no entanto, começavam a surgir na linha do horizonte. Em tudo que nos vinha do estrangeiro, sob a forma de textos literários ou de projetos de encenação, brilhávamos. No que competia especificamente a nós, só com imensa dificuldade vencíamos as incertezas geradas pelo autodidatismo. Quase não havia encenadores e cenógrafos nacionais — estes um pouco mais numerosos que aqueles — e a dramaturgia, em vez de constituir o nosso ponto forte, como eixo que é da criação dramática, acusava, ao contrário, a nossa irrecusável debilidade. Os autores com que contávamos ou provinham de outros gêneros literários ou eram médicos e advogados que, em plena maturidade, tentavam encontrar uma carreira mais condizente com as suas aspirações profundas. Alguns demonstravam uma aguda intuição, aprendendo à própria custa tudo o que sabiam sobre o teatro. Tal era o caso, notadamente, de Nelson Rodrigues, no drama, e de Silveira Sampaio, na comédia. Mas, de modo geral, faltavam aos nossos escritores a familiaridade, o domínio técnico da profissão, de quem se formou como homem e como artista já dentro do palco, falando a linguagem dramática como se fosse a própria.

Em suma, o teatro brasileiro consumara o primeiro daqueles dois "trancos" reputados por Antônio de Alcântara Machado, em 1926, como imprescindíveis à implantação do modernismo: "Sim, porque o primeiro tranco foi no sentido de integrar a literatura brasileira no momento. No momento universal, está claro. Daí o espanto. Demos de repente um pulo de cinqüenta anos pelo menos. Para podermos emparelhar com o resto do mundo decente". Chegara agora a vez do "segundo tranco", justamente o mais difícil: o da "integração no ambiente. Fazer literatura brasileira (...)"[38].

Os autores e encenadores nacionais que atingiam a idade da razão nas vésperas de 1960 não tinham, pois, motivos de queixa. Sobrara ainda tanta coisa por fazer

38. A. A. MACHADO, *Cavaquinho e Saxofone*, Rio, José Olympio, pp. 305-309.

que eles, com a inconsciência criadora dos filhos, podiam perfeitamente sustentar que os pais nada haviam realizado. A revolução cênica continuava – e não como simples disputa de gerações.

3.

Aos poucos, aqui e ali, por todo o Brasil, mas concentrando-se particularmente em São Paulo, foram surgindo as peças que o nosso teatro reclamava para completar a sua maturidade. Em 1955, *A Moratória*, de Jorge Andrade. Em 1956, no Recife, com a descida triunfal ao Rio de Janeiro no ano seguinte, o *Auto da Compadecida*, de Ariano Suassuna. Em 1958, *Eles não Usam Black-Tie*, de Gianfrancesco Guarnieri. Em 1959, *Chapetuba Futebol Clube*, de Oduvaldo Vianna Filho (1936-1972). Em 1960, *O Pagador de Promessas*, de Dias Gomes, e *Revolução na América do Sul*, de Augusto Boal. Descontando os de atuação mais efêmera, em média, a revelação de um autor importante por ano.

Todos eles tinham em comum a militância teatral e a posição nacionalista. Jorge Andrade fizera os quatro anos da Escola de Arte Dramática de São Paulo. Ariano Suassuna participava do movimento amador suscitado em Pernambuco por Hermilo Borba Filho (1917-1976) com a finalidade de criar uma dramaturgia nordestina[39]. Dias Gomes apurara longamente no radioteatro a técnica da comunicação sintética e efetiva. Os outros eram ou encenadores (Boal) ou atores (Guarnieri, Vianinha), contando somente com o palco como meio de subsistência. Quanto ao lado nacionalista, todos o representavam, seja por inclinação política, seja por retratar em cena aspectos menos conhecidos ou menos explorados dramaticamente do Brasil, seja, enfim, pela simples presença em palco de suas peças, o que, em face do predomínio de repertório estrangeiro, significava sempre uma tomada de posição, se não deles, ao menos das empresas

---

39. Sobre o teatro em Recife: JOEL PONTES, *O Teatro Moderno em Pernambuco*, São Paulo, Buriti, 1966.

que os encenavam. Começava-se a apostar no autor brasileiro, como antes se apostara na possibilidade de se fazer espetáculos modernos entre nós.

O fenômeno, resultando de um processo natural de crescimento, nada tinha de restrito, estendendo-se também aos encenadores nacionais, que principiavam a substituir sem desvantagem os europeus. Mas, como no caso do TBC, houve uma companhia paulista que compreendeu e exprimiu melhor do que as outras os imperativos da década, chamando para si a tarefa de nacionalizar os nossos palcos. O elenco de Franco Zampari havia influenciado mais pelo exemplo, pela prática, ao contrário do Teatro de Arena, que não só teorizou com abundância, através de notas de programa, entrevistas, prefácios de livro, como procurou sempre reescrever em benefício próprio a história recente. Para isso concorreram a vocação ensaística e o espírito polêmico de Augusto Boal, a fase em que entrava o Brasil, de agudo questionamento político, e a necessidade de estabelecer novas bases estéticas e sociais para a renascente dramaturgia nacional.

Em seus primeiros passos, contudo, o Teatro de Arena, fundado por José Renato ao sair da Escola de Arte Dramática, em 1953, não ambicionava mais do que abrir caminho para os iniciantes na carreira, propondo-lhes uma disposição cênica diferente – atores no centro, espectadores ao redor –, já experimentada com êxito nos Estados Unidos e que facilitava enormemente a formação de novas companhias. Se os teatrinhos adaptados, como o TBC, haviam dado um passo à frente no sentido de barateamento da produção, quando comparados aos imponentes edifícios do começo do século, o chamado *arena stage* ia muitíssimo além, dispensando cenários elaborados e, mais do que isso, reduzindo radicalmente o espaço teatral. Uma sala de proporções comuns, uma centena de cadeiras, alguns focos de luz, passavam a ser o mínimo necessário à representação. Era colocar ao alcance de todas as bolsas, ou quase, a possibilidade de organizar um pequeno grupo profissional – mas com sede própria, condição indispensável face à carência de salas de espetáculos[40].

Não foi, todavia, a forma "teatro de arena", embora ela obrigasse a uma reformulação completa das relações quer entre os atores em cena, quer entre estes e o público, que deu prestígio ao conjunto. A projeção só lhe veio quando se juntaram a José Renato três jovens homens de teatro destinados a revolucionar a dramaturgia brasileira. Augusto Boal trazia dos Estados Unidos a técnica do *playwriting*, no que diz respeito ao texto, e, quanto ao espetáculo, uma preocupação maior com a veracidade psicológica, conseqüência já do "método Stanislávski", difundido por intermédio do Actors' Studio de Nova York. Gianfrancesco Guarnieri e Oduvaldo Vianna Filho, por seu lado, ambos filhos de artistas esquerdistas, ambos ligados desde a adolescência a movimentos estudantis, chamavam o teatro para a realidade política nacional, cuja temperatura começava a se elevar. Da interação entre esses elementos, artísticos uns, sociais outros, do jogo de influências, travado entre pessoas com pouco mais de vinte anos, na idade da maior incandescência emocional e intelectual, resultou a fisionomia definitiva do Teatro de Arena.

A grande originalidade, em relação ao TBC e tudo o que este representava, era não privilegiar o estético, não o ignorando mas também não o dissociando do panorama social em que o teatro deve se integrar. Desta postura inicial, deste "engajamento" – palavra lançada pouco antes por Sartre – é que adviriam os traços determinantes do grupo, o esquerdismo, nacionalismo e o populismo (em algumas de suas acepções), a tal ponto entrelaçados que apenas a abstração conseguirá separá-los.

---

40. Sobre as origens do Teatro de Arena: DÉCIO DE ALMEIDA PRADO, RENATO JOSÉ PÉCORA (que a seguir se assinaria José Renato) e GERALDO MATEUS TORLONI, "O 'teatro de arena' como Solução do Problema de Falta de Teatros no Brasil", *Anais do Primeiro Congresso Brasileiro de Teatro*, Rio, 1951, pp. 101-106.

O esquerdismo só nos vai ocupar de passagem, já que a sua aplicação ao palco não exigiu qualquer esforço de criatividade — nem a criatividade estava nos planos de uma esquerda definida, se não mesmo estratificada, desde 1935. Imaginava-se o mundo moderno como alvo de gigantescos choques históricos, dos quais redundaria, dialeticamente, o progresso. No plano nacional, a luta de classes. No internacional, o conflito entre os países capitalistas, chefiados pelos Estados Unidos, e os socialistas, amparados pela Rússia. A batalha seria árdua, mas não se punha em dúvida o desfecho. O bem social, caminhando no sentido da história, não podia deixar de triunfar. Nenhuma peça reproduzia exatamente tal esquema. Mas todas o tomavam tacitamente como guia ideológico.

O nacionalismo merece uma análise um pouco menos apressada. No passado brasileiro ele fora, como se sabe, uma arma da direita, alicerçada na admiração pela natureza tropical ou na atração exercida por forças sociais algo místicas, aureoladas de espiritualidade e religiosidade, como a raça e a tradição. O nacionalismo de esquerda, autorizado na década de trinta pelo exemplo russo, tinha caráter oposto: era crítico, voltado para os fatos econômicos, com um forte cunho pessimista, de quem carrega nos males presentes, já de si bastante carregados, para melhor justificar as esperanças do futuro.

No teatro, a posição nacionalista foi extremamente fecunda porque tinha uma missão imediata: restituir aos brasileiros o lugar que lhes competia, restabelecendo o equilíbrio momentaneamente perdido. O sucesso de *Eles não Usam Black-Tie*, sucesso completo, maciço, de imprensa e de bilheteria, restaurou a crença no valor, inclusive comercial, das peças nacionais, com o Arena marchando à frente dos acontecimentos. A esta primeira etapa, de incentivo à produção local, sucedeu aquela que Augusto Boal chamou de "nacionalização dos clássicos". Tratava-se agora, de transportar ao espetáculo a intenção nacionalizante, procurando-se um estilo brasileiro capaz de preservar a nossa peculiar maneira de ser, as nossas idiossincrasias idiomáticas e gestuais, mesmo perante as grandes peças estrangeiras. Se o ideal do TBC havia sido o de adequar o ator ao texto, qualquer que fosse a procedência deste, visava-se agora quase o contrário:

> Quando montávamos Molière, Lope ou Maquiavel, nunca o estilo vigente desses autores era proposto como meta de chegada. Para que se pudessem radicar no nosso tempo e lugar, tratavam-se esses textos como se não estivessem radicados à tradição de nenhum teatro de nenhum país. (...) Pensávamos naqueles a quem nos queríamos dirigir, e pensávamos nas inter-relações humanas e sociais das personagens, válidas em outras épocas e na nossa. (...) Isto nos dava a responsabilidade de artistas criadores e nos retirava dos limites da macaqueação[41].

O populismo, das três idéias acima referidas, talvez fosse a dominante, já que as outras vinham desaguar nela. A noção de luta de classes valorizava naturalmente o povo, compreendido, segundo a ótica marxista, como a soma do operariado e do campesinato, ao passo que o conceito de nação restringia-se sem dificuldade às camadas populares, com exclusão da burguesia – o antipovo e a antinação por excelência.

A presença de gente humilde não era fato inédito em palcos brasileiros. A comédia de costumes, entre 1920 e 1930, através de autores como Viriato Corrêa e Oduvaldo Vianna, este já tocado pelo anarquismo e pelo socialismo, comprazera-se na contemplação das vidas simples, das existências medíocres, do encanto emanado do campo ou dos subúrbios. Mas as entrelinhas sugeriam invariavelmente que os pobres, a título de compensação, possuem uma inocência, uma pureza de sentimentos, uma alegria de viver e uma felicidade superiores a tudo o que os ricos possam ter. Bem-aventurados os necessitados de bens materiais porque deles será o reino do palco...

Nas primeiras peças de Guarnieri – *Gimba, A Semente*, além de *Eles não Usam Black-Tie* – subsiste ainda muito desta visão lírica, deste carinho especial pelo povo, encarado enquanto modo de viver, não enquanto classe social. Mas o sentimentalismo, a nota ro-

---

41. A. BOAL, "Elogio Fúnebre do Teatro Brasileiro Visto da Perspectiva do Arena", prefácio de: A. BOAL, G. GUARNIERI, *Arena Conta Tiradentes*, São Paulo, Sagarana, 1967, p. 19.

mântica, corrigiam-se na medida em que as personagens viam-se arrancadas de sua vida idílica e lançadas em plena luta social, com greves, manifestações coletivas, repressões policiais violentas – o panorama, em suma, do Brasil das últimas décadas. Passando a agir como operários em luta contra os patrões, e não mais como simples indivíduos, assumiam eles não só a sua classe mas também uma herança revolucionária que, invertendo a expectativa (filhos rebeldes, pais acomodados), recaía sobre os mais moços como uma carga dura de suportar, tirando-os de seu sossego e prejudicando-os em seus projetos de ascensão econômica.

O populismo das peças acarretava o da representação. Os atores faziam tudo para romper as convenções do palco, para escapar ao formalismo cênico, aproximando-se tanto quanto possível da maneira como de fato o povo anda e fala. Se é verdade que há dois Brasis (talvez haja muitos mais), o esforço do Arena sempre se fez no sentido de descobrir para o teatro o outro Brasil, o segundo Brasil – certamente não aquele visto por Silveira Sampaio e Abílio Pereira de Almeida, nem mesmo o de Nelson Rodrigues, que nunca ultrapassa a classe média baixa.

A popularização alcançava igualmente os clássicos, que eram não só nacionalizados, mas reinterpretados em termos de comicidade popular, o único traço estilístico, na opinião de Boal, que se encontra em todos os gêneros de comunicação teatral brasileiros, da peça de costumes às pantomimas circenses, dos números de televisão aos *sketches* do teatro de revista. As grandes comédias européias (tragédias e dramas não faziam parte do programa), encenadas por esse ângulo, pendiam mais para o riso grosso, para a agressividade devastadora da farsa – realizada, aliás, com muito talento – do que para a graça sutil e elegante.

Nesse ponto – e não apenas nesse, como veremos – o Arena se distanciava das concepções européias de "teatro popular", surgidas, ou melhor ressurgidas, após a Segunda Grande Guerra. Companhias como o Piccolo, de Milão, na Itália, e o Teatro Nacional Popular, na

França, preocupavam-se principalmente com duas metas: de um lado, aumentar o público, até atingir todas as classes sociais; de outro, montar as peças mais significativas do repertório clássico, livrando-se da estreiteza estética e humana do realismo burguês. O espetáculo seria uma cerimônia de confraternização social em torno das obras-primas universais. Partia-se do princípio de que o povo também tinha direito ao teatro – ao melhor teatro, bem entendido, sem nenhuma concessão paternalista.

A perspectiva do Arena não era bem essa. Com relação ao público, não obstante as eventuais e generosas tentativas que fez para chegar às fábricas, aos sindicatos, ou mesmo aos camponeses do Nordeste, jamais se libertou ele do seu teatrinho, daquelas escassas 167 cadeiras que impediam qualquer campanha efetiva de barateamento de ingresso. O máximo que conseguiu, em caráter permanente, foi trocar em parte o público burguês pelo estudantil, mais aberto às reivindicações sociais e mais afeito à linha política do grupo. Quanto ao repertório, as peças clássicas não eram consideradas em si mesmas, por seus valores próprios, servindo antes como argumentos a serem lançados na luta pelo poder que se travava no Brasil. Quando diziam o que se desejava ouvir, muitíssimo bem. Em caso contrário, não se hesitava em alterá-las de modo drástico – veja-se, por exemplo, a adaptação de *O Melhor Juiz, o Rei*, de Lope de Vega, em que, apesar do título, o melhor juiz deixava de ser o rei.

Se os teatros populares europeus tinham por mira congregar a todos, sem distinção de classe, no mesmo ritual dramático, o Arena seguia outro caminho, achando, como Brecht disse a Giorgio Strehler, que "o bom teatro deve dividir, não unir"[42]. Ou seja, a militância revolucionária marxista, com a sua tradição de luta, vinha em primeiro lugar, o teatro apenas em segundo, ao contrário do que sucedia na Europa.

42. G. STREHLER, *Un Théâtre pour la Vie*, Paris, Fayard, 1978, p. 27.

Em verdade, o conjunto paulista não era popular nem por inspirar-se no povo, não se interessando em pedir-lhe emprestado técnicas e motivos artísticos, nem por dirigir-se especialmente a ele, e sim por retratá-lo com genuína simpatia, e, mais ainda, por representar, real ou supostamente, os seus verdadeiros interesses. Teatro de intelectuais de esquerda, agiu sempre de cima para baixo, através da propaganda doutrinária.

Tal imagem, no entanto, precisa ser retocada. O populismo, no Arena, além de plataforma política e estética, também foi um modo de viver. Os seus atores, quanto à origem social, não diferiam talvez fundamentalmente dos do TBC. Mas ao passo que estes se aristocratizavam, refinando elocução e maneiras para estar à altura dos textos estrangeiros, reflexos de sociedades mais civilizadas, o Arena, formado já em outra circunstância histórica, procedeu ao inverso. Não apenas acolheu pessoas de nível econômico modesto como lhes deu condições para exprimir em cena esse lado de suas personalidades, não o julgando nem desairoso nem desprezível artisticamente – antes pelo contrário[43]. Significativo, a tal respeito, é que haja sido a primeira companhia profissional brasileira (com exceção do teatro de revista) a incluir permanentemente em seus quadros um ator negro, Milton Gonçalves, utilizando-o de acordo com as suas qualidades interpretativas, e não somente naquelas peças em que a presença de um preto se tornava obrigatória.

As primeiras peças de Gianfrancesco Guarnieri e Oduvaldo Vianna Filho eram dramas realistas. O realismo já não se apresentava como o naturalismo de Zola,

---

43. Leia-se, a propósito, o depoimento de Milton Gonçalves: "É nesse trabalho que começamos uma maravilhosa troca de experiências. O que usávamos para representar era também o conhecimento de todas as nossas experiências de vida. Ainda hoje acredito que foi daí que começou a se delinear a nossa grande preocupação com o homem brasileiro. Cada um de nós representava uma área de experiência diferente da vida do brasileiro. O Flávio Migliaccio e eu éramos de bairros populares. Eu havia sido operário e o Flávio era filho de uma família que trabalhava em circo, que tinha essa fantástica vivência de uma forma de representação circense. (...) Essas coisas apareciam no nosso trabalho como atores" (*Dionysos*, n. 24, Rio, Serviço Nacional do Teatro, 1978, p. 91).

no qual o autor devia manter a isenção que se atribui habitualmente à fotografia. Ibsen e Tchekhov, no final do século, tinham ensinado como se pode, sem quebrar a naturalidade do retrato, usar símbolos e discutir idéias, deixando transparecer por intermédio das próprias personagens, com maior ou menor discrição, o ponto de vista do escritor. Era essa técnica, atualizada e posta ao gosto do dia, que o Arena empregava. Mas o realismo, por flexível que seja, nunca cessa de opor obstáculos a quem pretenda expor sem subterfúgios o seu pensamento político, tanto por dar preferência ao concreto, ao indivíduo, quanto por postular a ausência de qualquer tipo de mensagem direta. O criador, tendo de apagar-se perante as suas criaturas, introduz uma grave contradição interna se reaparecer em cena para doutrinar – nem era outro o defeito das peças de tese.

Revolução na América do Sul, de Augusto Boal, modificava a fórmula da casa, trocando o dramático pelo farsesco e abandonando de vez os processos naturalistas. Realista, no sentido de ligar-se à realidade brasileira imediata, a peça certamente o era. Mas o clima eleitoral de 1960, o nacionalismo demagógico, o falso populismo, a honestidade brandida como bandeira pseudo-revolucionária, o mecanismo democrático funcionando no vazio, eram denunciados através da abstração, da tipificação, da redução ao caricatural. As personagens chamavam-se, por exemplo, José da Silva (o "Everyman" brasileiro), Patrão ("maquiagem exagerada de homem mau"), Anjo da Guarda (fala só em inglês), Feirante, Revolucionário, Policial, Deputado. O entrecho desenrolava-se numa sucessão de cenas curtas, exemplares, lembrando a técnica – não o espírito – do expressionismo. O intuito era justamente ultrapassar o retrato, desvendando a verdade profunda das infra-estruturas econômicas e mentais. Essa proposta básica, de claras intenções políticas, ajustava-se com perfeição ao temperamento de Boal, pronto a exagerar, a desfigurar o adversário para melhor combatê-lo por meio do riso. Não obstante as desigualdades de nível cômico, as digressões do enredo, as alusões a fatos e personagens esquecidos, o texto permanece ainda vivo, enquanto sátira social, em muitas de suas partes.

A inflexão anti-realista que *Revolução na América do Sul* imprimiu ao Arena marcava o início da influência de Brecht no Brasil. O teatro épico, tal como fora por ele definido, acrescentava à dramaturgia universal um novo elemento, o questionamento crítico, não ocasional, mas exercido como método, em todos os níveis do espetáculo: crítica do autor à própria peça, desenvolvida se possível em forma interrogativa, mais como pergunta que como resposta; do ator à personagem, com a qual não devia ele se identificar a ponto de perder a objetividade; e do público, a quem caberia dizer a última palavra, elaborando a sua reflexão pessoal sobre tudo o que acabara de presenciar. Esses, os fins. Como meios, entre outros, o distanciamento emocional, propício à investigação desapaixonada, e o teatro mostrado como tal aos espectadores, sem o ilusionismo naturalista, isto é, sem confusão possível entre a vida real e a vida fictícia de palco. Brecht afastava-se do realismo, enquanto processo artístico, para analisar mais a fundo a própria realidade. O chamado alienamento era efetivamente um modo diverso de aproximação. Ele dava alguns passos para trás, e sugeria aos atores e ao público que fizessem o mesmo, para enxergar o mecanismo social e não os indivíduos.

As peças seguintes do Arena (atendo-se somente às mais significativas), escritas depois de 1964 e já sob a forma de protestos políticos que pudessem varar as malhas ainda não tão apertadas da Censura, são do ponto de vista estilístico respostas brasileiras ao brechtianismo. Não se queria aplicar ao pé da letra as lições do teatro épico, bastante conhecidas a esta altura, mas assimilá-las, integrando algumas delas em soluções dramatúrgicas originais, adaptadas às condições específicas, não esquecendo as econômicas, seja do grupo, seja do Brasil.

Arena Conta Zumbi (1965) e *Arena Conta Tiradentes* (1967), escritas em colaboração por Boal e Guarnieri, tomavam ambas como pretexto a história nacional para evocar rebeliões sufocadas violentamente ou mortas em seu nascedouro – e não por simples coincidência.

Na primeira, os negros do quilombo de Palmares têm unicamente virtudes – vigor físico, sexualidade exuberante, apego às mulheres e aos filhos, amor ao trabalho, disciplina guerreira – e os brancos unicamente defeitos: ou são senis, como D. Pedro, ou de comportamento cênico "o mais repugnante possível" (Domingos Jorge Velho), ou "fresquíssimos todos, afetados, artificiais" (os figurantes em geral). Surpreendentemente, é verdade que lançando mão de recursos ignóbeis como a disseminação da varíola, os brancos vencem[44]. Interpretada à luz do que acabara de acontecer no Brasil, a peça queria dizer apenas uma coisa: nós, da esquerda, nós, o povo, nós, os jovens, somos fortes e puros; vocês, os decrépitos, os impotentes da direita reacionária, só ganham mediante a traição e a torpeza. Um desabafo, portanto, ingênuo politicamente, equivalente às injúrias trocadas entre inimigos nas antigas batalhas campais. A esquerda, abalada pela derrota, denegria os adversários, com um marcado toque machista, reafirmando a crença em si mesma.

A história de Zumbi de Palmares, não sendo bem conhecida, permanecendo entre o real e o lendário, fornecia o pretexto ideal para todas as efusões líricas ou grotescas, dirigidas respectivamente aos amigos e aos inimigos. Em depoimento posterior, Guarnieri reviveu com muita emoção o ambiente exaltado em que a peça e o espetáculo foram concebidos:

> Surgiu a magia do *Conta*. E Edu [Lobo] começou a cantar músicas novas para a gente. Cantou uma sobre *Zumbi*. A gente passou uma noite de loucura pela cidade e às 8 da manhã estava na Praça da República comprando o livro de João Felício dos Santos, *Ganga Zumba*. Resolvemos contar a história da rebelião negra. Arena Conta. Começamos a pesquisar. Boal chegou. Todos juntos. O elenco junto. Foi uma fase em que tudo se

---

44. As intenções da peça tornavam-se mais claras na encenação do que no diálogo. Todas as rubricas acima citadas pertencem ao Roteiro que acompanha a edição do texto: *Arena Conta Zumbi*, Musical em 2 atos de G. Guarnieri, Augusto Boal e Edu Lobo, *Revista de Teatro*, SBAT, Rio, nov.-dez. 1970, pp. 34-59.

transformava, e a gente também. (...) Todo mundo rompendo com coisas, até no nível pessoal, e todo mundo buscando coisas novas. Época de euforia e de alegria mesmo. E Boal organizando o trabalho coletivo. Na hora de escrever, ficamos eu e ele[45].

Vários itens nos chamam a atenção nesse depoimento, alguns pela importância que logo viriam a ter também para outras companhias: o papel fecundante exercido sobre o teatro pela música popular, já em efervescência e já em vias de se tornar a preocupação artística central da juventude brasileira; a busca da criação não individual, exemplificada por esse grupo de atores que tentava narrar coletivamente um acontecimento também coletivo, esmaecendo-se de propósito a participação pessoal dos intérpretes, no espetáculo, e das personagens, na peça; a atmosfera de "loucura", isto é, de superação de entraves lógicos, de quebra de padrões, de liberação do fluxo inventivo e das forças inconscientes; e a ação catalisadora e centralizadora — e em tal sentido, restritiva — de Augusto Boal.

Na prática tudo isso se traduzia, a par de um certo fervor cênico que contagiava e entusiasmava a platéia, numa curiosa inovação: em *Arena Conta Zumbi* os atores não interpretavam determinada personagem, passando por todas elas, conforme as circunstâncias. Não custa reconhecer em tal descoberta a influência do famoso distanciamento proposto por Brecht. Ele mesmo sugeria a permuta de papéis durante a fase de elaboração do espetáculo, como meio de objetivar a personagem, desvinculando-a desta ou daquela interpretação particular:

os atores deviam trocar os papéis entre si nos ensaios, de modo que todas as personagens tivessem possibilidade de receber uma das outras tudo aquilo de que necessitam reciprocamente. Convém, igualmente, que os atores vejam as suas personagens serem imitadas por outrem ou que as vejam com outras configurações. Uma personagem desempenhada por uma pessoa do sexo oposto revelará o seu próprio sexo muito mais incisivamente; se for representada por um ator cômico, ganhará novos aspectos, quer trágicos, quer cômicos. Ao elaborar conjuntamente com a sua as outras personagens, ou, pelo menos, ao substituir os seus intérpretes, o ator

45. F. PEIXOTO, "Entrevista com Gianfrancesco Guarnieri", *Encontros com a Civilização Brasileira*, n. 1, Rio, Civilização Brasileira, 1978, p. 110.

concilia, sobretudo, a incisiva perspectiva social a que obedece o seu desempenho[46].

Não são muito diferentes os termos com que Boal descreve o chamado Sistema Coringa (ou Sistema do Coringa), adicionando a Brecht apenas o conceito de "máscara", emprestado à tragédia grega:

> todos os atores representam cada personagem: o personagem será o que permanecer constante em todas as interpretações. No teatro grego um máximo de três atores interpretavam todos os personagens: para diferenciá-los, usavam máscaras. Também o Arena; não máscaras físicas, porém máscaras de comportamento social: como se move, como fala, como pensa[47].

A diferença é que o Arena integrava no espetáculo, à vista do público, o que Brecht aconselhava não mais do que como exercício preparatório, visando-se, contudo, em ambos os casos, ressaltar "a perspectiva social" – ou a máscara social.

Arena Conta Tiradentes levava às últimas conseqüências os embriões contidos em *Arena Conta Zumbi*, erigindo a partir deles um bloco teórico compacto e fechado sobre si mesmo:

> *Coringa* é o sistema que se pretende propor como forma permanente de se fazer teatro – dramaturgia e encenação. Reúne em si todas as pesquisas anteriores feitas pelo Arena e, nesse sentido, é súmula do já acontecido. E, ao reuni-las, também as coordena, e neste sentido é o principal salto de suas etapas.

Sendo pura forma, embora fixa e rígida enquanto tal, seria suscetível de abrigar em seu bojo todos os estilos, cada um atribuído a uma cena em especial, e todos os conteúdos, até os próprios "da conferência: *slides*, leitura de poemas, documentos, cartas, notícias de jornal, exibição de filmes, de mapas, etc." Se esta anexação do real à trama fictícia da peça lembra de imediato o *Teatro Político*, de Piscator – livro lido por Boal –, Stanislávski e Brecht não deixavam também de comparecer, confraternizando-se, nessa tentativa de somar e superar dialeticamente as antíteses em que se debatia o

---

46. B. BRECHT, *Estudos Sobre Teatro*, Lisboa, Portugal Editora, 1964, p. 198.
47. "Arena Conta Zumbi", *Revista de Teatro*, SBAT, Rio, nov.-dez. 1970, p. 29.

teatro moderno. Ao "método Stanislávski" caberia "a função protagônica", "na qual se dá a vinculação perfeita e permanente ator-personagem: um só ator desempenha só o protagonista e nenhum outro". Estabelecer-se-ia assim a necessária empatia, a identificação afetiva entre o herói (no caso Tiradentes) e o público, "que se perde todas as vezes em que o espetáculo tende a um alto grau de abstração"[48]. O distanciamento aplicar-se-ia às demais personagens, interpretadas sucessivamente pelo elenco inteiro, à maneira de *Arena Conta Zumbi*, fazendo-se incidir sobre elas o espírito crítico dos espectadores. Em palavras mais claras: Tiradentes, herói positivo, com o qual o público deveria simpatizar, era visto como indivíduo, conservando a sua personalidade e seus traços físicos do princípio ao fim; os seus companheiros de conspiração não passariam de "máscaras sociais", na acepção de Boal, simbolizando, negativamente, categorias econômicas ou humanas: por exemplo, o poeta, o proprietário de escravos, o latifundiário, o padre, o militar, o jurista.

Quanto à estrutura, o texto a recebia quase pronta da tragédia grega, com a sua alternância entre momentos de ação, os episódios, e momentos de reflexão, de comentário ao sucedido, a cargo do coro, nas diversas modalidades imaginadas por Boal. É aqui, precisamente, que intervém a figura do Coringa, síntese de várias experiências feitas pelo teatro ocidental e oriental no sentido de criar um elo intermediário entre o autor, os atores e o público: "Em cena funciona como *meneur du jeu, raisonneur*, mestre-de-cerimônias, dono do circo, conferencista, juiz, explicador, exegeta, contra-regra, diretor de cena, *régisseur, kurogo*, etc.". Estaria resolvido desse jeito um dos mais sérios problemas da dramaturgia política: "apresentar dentro do próprio espetáculo, a peça e a sua análise", fazendo-se sobressair sem evasivas "o ponto de vista do autor".

---

48. A. BOAL, "Elogio Fúnebre do Teatro Brasileiro Visto da Perspectiva do Arena", prefácio de *Arena Conta Tiradentes*, São Paulo, Sagarana, 1967, pp. 28, 41, 37 e 38.

Um último argumento, de outra natureza, não pode ser esquecido neste breve sumário. O Coringa permitiria ainda a encenação de "qualquer texto com número fixo de atores, independentemente do número de personagens, já que cada ator de cada coro multiplica suas possibilidades de interpretação. Reduzindo-se o ônus de cada montagem, todos os textos são viáveis"[49]. Instituindo em princípio estético o que já se procedia na prática por mera necessidade nas peças de elenco numeroso – o desdobramento do ator por mais de uma personagem – a companhia voltava por assim dizer às suas origens econômicas, oferecendo uma solução capaz de baratear a produção e popularizar o teatro. Ao formato "Arena" somava-se o "Sistema Coringa".

Uma pergunta fluía do texto: a quem caberia a culpa pelo malogro do projeto revolucionário mineiro? Não ao povo, que nunca chegou a ser informado sobre essa conspiração de burgueses bem instalados na vida. Muito menos a Tiradentes, não só pessoa de grande integridade moral, conforme as revelações da *Devassa*, como personagem conscientemente mitificado pelo espetáculo em sua condição de herói revolucionário. Respondendo a Brecht, que considerava feliz o povo que não possui heróis, escrevia Boal: "Porém, nós não somos um povo feliz. Por isso precisamos de Tiradentes"[50]. De quem a culpa, então? A peça não deixava margem a dúvidas: das pessoas que tinham algo de material a perder, propriedades ou escravos, temendo mais a possibilidade de anarquia no futuro do que a opressão presente; de certos militares, acostumados a servir ao poder, que esperaram até ver que lado saía vencedor; da Igreja, que luta contra "os excessos de um poder e não contra a sua essência"; e, principalmente, dos poetas, perdidos em sua vaidade literária, em sua irremediável mediocridade hu-

---

49. A. BOAL, "Elogio Fúnebre do Teatro Brasileiro Visto da Perspectiva do Arena", prefácio de *Arena Conta Tiradentes*, São Paulo, Sagarana, 1967, pp. 39, 31, 35.

50. A. BOAL, "Elogio Fúnebre do Teatro Brasileiro Visto da Perspectiva do Arena", prefácio de *Arena Conta Tiradentes*, São Paulo, Sagarana, 1967, p. 56.

mana, em seu pequeno e confortável mundo arcádico, sonhando com as conseqüências da liberdade sem nada fazer de concreto para obtê-la. Gonzaga, "o escorregadio", Cláudio Manoel da Costa, "o pusilânime", Alvarenga Peixoto, "a perfeição de canalha". O traidor Joaquim Silvério dos Reis é quem os vê com maior lucidez, graças ao seu tino de homem prático: "Um bandinho de intelectuais que só sabe falar. Porque a liberdade... a cultura... a coisa pública... o exemplo do Norte... na hora do arrocho quero ver"[51].

A esquerda intelectual, com a consciência pesada pelo malogro de 1964, menos talvez pela derrota que pela ausência de luta, tomava o liberalismo burguês e a literatura não engajada como principais bodes expiatórios. Ah, não fossem os nossos aliados militares, os nossos aliados da Igreja, os nossos aliados da chamada burguesia progressista, e, sobretudo, os escritores, nossos aliados e pseudochefes, que bela revolução não teríamos feito! O Arena sacrificava Cláudio e Gonzaga (já sacrificados com a morte e o desterro) para poder manter de pé a cabeça.

O Sistema Coringa servia perfeitamente aos desígnios políticos de *Arena Conta Tiradentes*, formando um conjunto peça-espetáculo de não pequena originalidade, em que se fundiam as informações históricas sobre a Inconfidência Mineira (colhidas nos *Autos da Devassa*) e as extensões analógicas aplicáveis ao Brasil contemporâneo, tudo isso dentro de um quadro cênico de constante mobilidade, que ia da mais deslavada molecagem nacional (o lado alegre, farsesco, do Arena) até a emoção libertária. O único erro de Boal parece ter sido o de considerar as invenções formais do texto e da representação como fórmulas definitivas, válidas para todos os autores e todas as representações – uma espécie de pedra filosofal do teatro brasileiro.

Duas tendências se contradiziam no Teatro de Arena. Por sua composição, fundamentada sobre afinidades

---

51. A. BOAL, G. GUARNIERI, *Arena Conta Tiradentes*, São Paulo, Sagarana, 1967, pp. 151, 50, 125.

pessoais e ideológicas, ele nunca se abriu, nem quanto a atores, nem quanto a autores, quase só encenando os que de alguma forma se ligavam ao grupo (Chico de Assis, Flavio Migliaccio, Roberto Freire). Mas, pelas excursões que empreendeu, por sua contínua e convincente pregação nacionalista e populista, que coincidia ponto por ponto com o clima político da época, estendeu largamente a sua zona de influência, abarcando até as companhias mais velhas. Basta dizer que a segunda peça de Guarnieri, *Gimba*, foi representada pelo Teatro Maria Della Costa, e a terceira, *A Semente*, pelo Teatro Brasileiro de Comédia, já ocupado por encenadores brasileiros simpáticos à esquerda, como Flavio Rangel e Antunes Filho.

Mariangela Alves de Lima fixou com muita propriedade esta ação seminal do Teatro de Arena:

é preciso não perder de vista que, se o Arena não chegou a transferir para as classes populares os meios de produção do teatro, chegou a transferir para outros grupos de teatro a maior parte de suas aquisições. (...) O teatro feito com uma idéia e poucos recursos, a luz substituindo os objetos de cena, a caracterização social da personagem sobre a caracterização particular, a utilização da música como recurso narrativo, o compromisso social entre o ator e o público, todas essas coisas passaram a circular como moeda corrente em incontáveis grupos de teatro. Propostas certamente revolucionárias na produção teatral de pequenas comunidades do país, onde o teatro se iniciava apenas como uma das poucas alternativas de lazer. Essas idéias o Arena não só introduziu através dos espetáculos, como através da atividade isolada de seus membros junto a essas comunidades[52].

A geração de Os Comediantes e do Teatro Brasileiro de Comédia contentara-se em fazer bom teatro. A modernização do espetáculo parecia – e era naquele instante – um fim suficiente em si mesmo. Já os mais jovens passaram adiante, formulando outras questões. Qual o papel do teatro enquanto instituição social? Que teria ele de novo a dizer não só aos artistas mas aos homens e à sociedade de seu tempo? Tais perguntas, inspiradas por Marx e reavivadas por Brecht, estão na base

---

52. MARIANGELA ALVES DE LIMA, "História das Idéias", *Dionysos*, n. 24, Rio, Serviço Nacional de Teatro, 1978, pp. 50-51. Todo o número é dedicado ao Teatro de Arena. Ainda sobre o grupo: CLAUDIA ARRUDA CAMPOS, *Zumbi, Tiradentes (e Outras Histórias Contadas pelo Teatro de Arena)*, São Paulo, Perspectiva, 1988.

de tudo o que fez o Arena em seu período produtivo. Por dez anos, de 1958 a 1968, funcionou ele como ponta de lança do teatro político brasileiro, encenando alguns espetáculos memoráveis, revelando atores e autores, e, antes de mais nada, realizando um notável trabalho de teorização – quaisquer que sejam as restrições que *a posteriori* se lhe possam fazer.

Paralela e independentemente, o teatro social, quando não político, ia conquistando os palcos do Brasil. No Recife a curva traçada pelos acontecimentos não deixava de reiterar, antecipando-se às vezes, a de São Paulo – se os fatos não se repetiam, a lógica interna era a mesma.

O Teatro de Amadores de Pernambuco, fundado na década de quarenta, pelo médico, professor e crítico de arte Waldemar de Oliveira (1900-1977), representava o papel de um TBC menor, valendo-se fartamente do repertório estrangeiro, importando do sul encenadores europeus (lá estiveram Ziembinski e Bollini), buscando e achando com freqüência o ponto exato de equilíbrio entre o sucesso comercial e o sucesso artístico. Sem passar ao profissionalismo e sem abandonar o regime de temporadas esporádicas, o TAP assegurou, com admirável pertinácia, até os dias de hoje, a continuidade da vida teatral pernambucana, mantendo sempre alto o nível da interpretação e chegando até mesmo a construir – e a reconstruir, após um incêndio – a sua própria sala de espetáculo, num exemplo único de junção entre o desinteresse amador e as responsabilidades econômicas do profissionalismo.

Em oposição a este teatro que se poderia considerar oficial, pelo prestígio alcançado junto à imprensa, ao público e às autoridades, levantaram-se sucessivas levas de grupos amadores mais jovens e menos organizados, todos de duração efêmera, porém desfraldando precocemente, alguns deles, a bandeira do nacionalismo e da popularização do espetáculo. Hermilo Borba Filho, centro dessa agitação ao mesmo tempo prática e teórica, inspirava-se confessadamente na famosa Barraca com a qual García Lorca, alguns anos antes, percorrera as estradas da Espanha. O seu intuito maior, escrevia ele em 1946, por ocasião da estréia do Teatro do Estudante de Pernambuco, era "plantar no meio do povo a semente do bom teatro". Para tanto propunha-se a oferecer "espetáculos gratuitos (...) com as grandes peças do repertório universal", e a aproveitar no palco, como Lorca fizera em relação à Andaluzia, a rica matéria dramática e humana posta à disposição dos dramaturgos pela região nordestina:

> Todo o Nordeste é um drama de primeira grandeza, com a tragédia das secas, a escravidão do açúcar e o cangaceirismo. É o povo sofrendo, é o povo sendo explorado, é o povo lutando. São dramas do povo, que a ele interessam, que ele compreende. É poesia viva, é poesia explodindo pela boca dos cantadores de ABC das figuras heróicas do sertão, das figuras lendárias de Manoel Izidoro, de Zumbi dos Palmares, de Lampião. (...) O romance brasileiro já se preocupou com esses assuntos: José Lins do Rego, Jorge Amado, José Américo. O teatro sempre se manteve afastado. O teatro precisa conquistar a alma do povo[53].

A sabedoria estética – os problemas econômicos não figuravam nos planos de Hermilo – de tal programa patentear-se-ia, dez anos depois, com o êxito, e não apenas no Brasil, do *Auto da Compadecida*, peça não menos nacionalista e populista que as do Teatro de Arena, mas em chave praticamente oposta. Ao passo que Boal, e em menor escala Guarnieri e Vianinha, tendiam a encarar as suas personagens sob o ângulo político, reduzindo-as a termos universais de operário e patrão, Ariano Suassuna identificava-se com o povo do Nordeste não só por ser povo mas, sobretudo, por ser do Nordeste. Ele não põe em cena o camponês, o trabalhador braçal, entendidos enquanto classe social ou força revolucionária, e, sim, especificamente, o "amarelo", o cangaceiro, o repentista popular, com toda a carga de pitoresco que a região lhes atribui.

Suassuna não ignora que a sociedade é injusta e a riqueza, pessimamente dividida. Mas se a burguesia tem o dinheiro, e o imenso poder que ele dá, os pobres, em

---

53. H. BORBA FILHO, "Teatro, Arte do Povo", *Arte em Revista*, n. 3, São Paulo, Kairós, 1980, pp. 60-63. É oportuno lembrar que Lampião e Zumbi dos Palmares acabaram sendo dramatizados respectivamente por Rachel de Queiroz, em 1953, e pelo Teatro de Arena, em 1965.

suas peças, são capazes de enfrentá-la e até eventualmente vencê-la, lançando mão da mentira, da astúcia, da presença de espírito, qualidades imaginativas que a própria luta pela sobrevivência, travada dia a dia, hora a hora, se incumbiria de despertar. O sertanejo, em suma, viveria ao mesmo tempo em estado de fome e em estado de graça poética, compartilhando com o artista os dons da fantasia, celebrando também ele, a seu modo, sem o saber, o triunfo do pensamento criador sobre a matéria.

O nacionalismo, dentro dessa perspectiva, é uma conseqüência natural do regionalismo, com os mesmos subtons de nostalgia social e conservadorismo. Que venham o progresso econômico, as transformações, mas lentamente, cautelosamente, sem mutilar o perfil do Nordeste e do país, sem que o brasileiro perca a sua inocência e a sua identidade nacional. Esse Brasil autêntico, "dos Cantadores, dos Vaqueiros, dos Camponeses e dos Pescadores", opõe-se ao "Brasil superposto da burguesia cosmopolita, castrado, sem vergonha e superficial, simbolizado, na *Farsa da Boa Preguiça*, pelo ricaço Aderaldo Catacão e por sua mulher, a falsa intelectual Dona Clarabela, que fala difícil, comparece às crônicas sociais, coleciona santos e móveis antigos, mantém *um salão*, e discute problemas de *arte formal* ou *arte conteudística*". Que nós, continua Ariano, "povos morenos e magros" (se acrescentássemos "altos" teríamos o retrato do autor), raças mediterrâneas e mescladas, não nos envergonhemos dos "nossos pequenos furtos latinos e mestiços", que nada são quando comparados à "grande ladroeira" internacional[54].

Quanto à universalidade, este teatro basicamente simbólico descobre-a, de preferência à política, na visão metafísica ensejada pelo catolicismo, ao qual o autor se converteu após ter sido educado no protestantismo. Dois fatos centrais de natureza religiosa impõem-se ao homem: a morte, que, "de um ponto de vista meramente humano, (...) não só não tem sentido, como retira toda e

---

54. A. SUASSUNA, *Farsa da Boa Preguiça*, Rio, José Olympio, 1974, pp. XX-XXI.

qualquer possibilidade de sentido à vida"[55]; e a existência de Deus, que restitui ao universo a racionalidade e a significação moral perdidas.

Antes da morte – o quê? O espetáculo risível da cegueira humana, a corrida desenfreada – tratada em tom de farsa, como convém – atrás dos prazeres, o desfile dos vícios e dos pecados, alguns mais aceitáveis, quase simpáticos, o medo, a mentira, a luxúria, outros intoleráveis, porque ligados à riqueza e à ostentação social, como a avareza, a cobiça e a soberba. Transposto aquele limiar terrível – e duas peças de Suassuna ousam ir além da morte –, o confronto com a eternidade é também esperança de salvação, artisticamente porque a comédia não poderia renegar a sua unidade de tom, teologicamente porque a misericórdia divina é grande a ponto de tudo poder perdoar. Jesus Cristo e Nossa Senhora asseguram a ligação entre a finitude dos homens e a infinitude de Deus, como nos espetáculos medievais. Tendo experimentado na própria carne a fraqueza humana, estão aptos a compreender melhor e a justificar os pecadores: "É verdade que eles praticaram atos vergonhosos, mas é preciso levar em conta a pobre e triste condição do homem. A carne implica todas essas coisas turvas e mesquinhas". Para com os pobres a piedade da Compadecida chega a sugerir uma longínqua cumplicidade de classe. Eis como ela se dirige a Jesus, pedindo-lhe por João Grilo: "João foi um pobre como nós, meu filho. Teve de suportar as maiores dificuldades, numa terra seca e pobre como a nossa. Não o condene (...)"[56]. O amor pelos "amarelos", pelos deserdados, não é, portanto, somente apego às peculiaridades do Nordeste, fazendo parte ainda daquele paradoxo – os últimos serão os primeiros – em que consiste, para Chesterton, a essência da religião. Ariano Suassuna gosta dos humildes exatamente porque o são, como abomina a burguesia, e ainda mais a grande burguesia internacional, por sua empáfia e seu farisaísmo.

---

55. A. SUASSUNA, *O Santo e a Porca*, Recife, Imprensa Universitária, 1964, p. 11.

56. A. SUASSUNA, *Auto da Compadecida*, Rio, Agir, 1957, pp. 175, 183-184.

Os julgamentos de que parte ou a que chega são morais, nunca políticos.

Mas o seu populismo comporta ainda uma terceira e derradeira camada – a artística. Teatro popular, para o autor de *O Santo e a Porca*, baseada na *Aululária* de Plauto, e *A Pena e a Lei*, derivada do fabulário nordestino, significa cruzar duas correntes que não se contradizem porque derivam da mesma fonte. Uma, de natureza erudita, vem-nos de Roma, passando por Gil Vicente, autor de especial predileção de Ariano Suassuna. A outra, ao contrário, emana do povo, subindo ao palco profissional após ter hibernado em manifestações teatrais tão modestas e tão fundamente arraigadas em solo nordestino como as danças dramáticas, as pantomimas circenses e o teatrinho de bonecos (mamulengos, na expressão local). Haveria, na verdade, uma identidade profunda entre os escravos da comédia latina, os *zanni* da *commedia dell'arte*, os "graciosos" dos entremeses ibéricos, e os heróis do *Auto da Compadecida*, João Grilo e Cancão, personagens extraídas da literatura de cordel, "Arlequins nordestinos, astutos, maliciosos, inventivos", do mesmo modo como o Cabo Setenta, figura tradicional do mamulengo, recordaria o "soldado fanfarrão do teatro antigo"[57]. Recebendo do povo não só personagens e sugestões de enredo, mas a própria forma da comicidade, sempre descosida, construída em torno de pequenos embustes, de ingênuas espertezas, de elementares jogos de palavra, com a incessante reviravolta de situações e a inevitável vitória final dos fracos sobre os fortes, o escritor brasileiro, sendo fiel à sua terra, se integra igualmente numa das mais respeitáveis tradições da literatura ocidental – a do teatro cômico popular.

O resultado não seria a descrição das condições reais de vida no Nordeste, mas o retrato do povo como ele mesmo se vê, feito a partir de seus mitos artísticos, de suas fábulas preferidas:

---

57. A. SUASSUNA, "Genealogia Nobiliárquica do Teatro Brasileiro", *Américas*, v. XVI, n. 12, Órgão da União Pan-Americana, dez. 1964, p. 22.

Só assim o *insólito* de todo verdadeiro teatro é autenticamente alcançado e artisticamente realizado, de maneira que a comunidade nacional reconheça, naquela humanidade estranha e agitada, sua própria humanidade, os impulsos coletivos profundos, normalmente disfarçados pelas conveniências e pelo medo[58].

Para fugir ao realismo burguês, considerado o pior inimigo da arte, com o seu horror à imaginação, as suas preocupações com o rigor psicológico e social, Suassuna recorre freqüentemente ao metateatro, envolvendo a representação principal numa falsa segunda representação, que lhe serve de moldura. É assim que o *Auto da Compadecida* se apresenta como função circense, com o Palhaço fazendo as vezes de Autor, e *A Pena e a Lei* introduz-se ao público sob as vestes de um espetáculo de mamulengo, no qual os bonecos, ao morrerem, recobram a postura de pessoas de carne e osso, de acordo com aquele outro paradoxo cristão, de que a vida é a morte e a morte, vida.

Como todos os criadores de estéticas muito particularizadas e individualizadas, de sistemas que mais fecham do que abrem, Ariano Suassuna nem sempre escapa aos limites um tanto estreitos, não para uma peça mas para uma dramaturgia inteira, que ele mesmo se traçou. Obrigado a lidar apenas com bonecos, ou com homens que pelas exigências da farsa se comportam como bonecos, preso ao desenho episódico e repetitivo dos enredos populares, com cada ato se constituindo em certos textos numa unidade quase independente, não só deixa ele de lado toda a complexidade do mundo moderno, refugiando-se no primitivo, como tem por vezes dificuldade em soldar os dois extremos que se tocam para originar o seu teatro. A junção do natural, encarado pelo lado mais miúdo e divertido, e do sobrenatural, atacado de frente, com a presença no palco de Jesus e Nossa Senhora, que tanta surpresa e prazer causa no *Auto da Compadecida*, convence menos em outras peças, como se sentíssemos por momentos um vazio ou uma despro-

---

58. A. SUASSUNA, "Genealogia Nobiliárquica do Teatro Brasileiro", *Américas*, v. XVI, n. 12, Órgão da União Pan-Americana, dez. 1964, p. 21.

porção entre o físico e o metafísico, expresso não raro, este último, mais nos prefácios que na trama dramática. O que o salva, assegurando-lhe sempre um alto nível literário, é a qualidade do diálogo, a graça da fala, o senso satírico, o dom da invenção verbal, a espontaneidade e oralidade da dicção poética – poética não por elevar-se acima do comum (o seu forte, como gênero, é o baixo-cômico), mas por ser uma constante criação, um saboroso fluxo de idéias, imagens e palavras.

O regionalismo, em algumas de suas modalidades, aproveitando as peculiaridades locais – a seca, o cangaço, o coronelismo, a religiosidade – ou valendo-se dessas manifestações de arte popular tão freqüentes no Nordeste, marca o que poderíamos chamar, um tanto abusivamente, de Escola do Recife, nome que, além de já consagrado em literatura, nos permite unir escritores tão díspares, muitos já falecidos, como José Carlos Cavalcanti Borges e Joaquim Cardozo, Hermilo Borba Filho e Aristóteles Soares, Luís Marinho e Aldomar Conrado, Osman Lins e Francisco Pereira da Silva.

A única peça deste vasto ciclo nordestino a adquirir projeção igual às melhores obras de Ariano Suassuna foi, talvez inesperadamente, um "auto de natal pernambucano", *Morte e Vida Severina*, escrito mais como poesia do que como teatro por João Cabral de Melo Neto.

Severino, seu protagonista e protótipo de tantos outros Severinos anônimos do Nordeste, não age, apenas observa, não intervém, apenas contempla, contrariando as mais elementares regras da dramaturgia tradicional. Descende do Agreste à Caatinga, e desta à Zona da Mata, ou seja, seguindo o curso do Capibaribe, rio emblemático a que o autor já dedicara outros poemas, ele só encontra exemplos de morte, "a morte severina", "de velhice antes dos trinta, de emboscada antes dos vinte". Quanto à vida, vida também severina, "menos vivida que defendida", ardendo "sempre com a mesma chama mortiça", contém somente "coisas de não: fome, sede, privação".

No final de sua caminhada de retirante, ou de sua peregrinação de homem, Severino assiste ao nascimento de uma criança, filho (como Jesus) de um carpinteiro chamado José. Uma dúvida assalta-lhe o espírito, dando fecho à jornada. Devemos celebrar esse nascimento, essa entrada na vida, para que a peça seja realmente um auto de natalidade? A resposta, dada por José, retifica em parte o pessimismo acumulado pelos episódios esparsos do entrecho. Em qualquer circunstância, a explosão de uma vida é sempre louvável,

> mesmo quando é uma explosão
> como a de há pouco franzina;
> mesmo quando é explosão
> de uma vida severina[59].

É curioso que João Cabral haja enfrentado o mesmo binômio que Ariano Suassuna, vida-morte, mas com pressupostos e conclusões divergentes. A verdadeira morte, para ele, pode-se dizer que é a vida que os pobres levam no Nordeste, desde que se traduza o pitoresco, sem dissolvê-lo, em termos de sofrimento individual e coletivo. Ainda assim, conclui a peça, antes essa existência miserável do que a morte (não concebida em sentido religioso, de redenção), porque o ato de nascer é belo em si mesmo, "belo como a coisa nova na prateleira até então vazia", "ou como o caderno novo quando a gente o principia", "belo porque com o novo todo o velho contagia". As imagens deste discreto louvor à vida não nos afastam, como se vê, da terra, apesar de sua carga de imperfeições, que induzem Severino a indagar, como outrora Hamlet, se porventura "a melhor saída" não estaria no suicídio, no salto, "numa noite, fora da ponte e da vida?"[60].

Cristo acha-se na raiz desta poética e metafísica reflexão natalina, inspirada nos autos pastoris pernambucanos (ainda aqui a arte popular fecundando a erudita), mas sem que tal procedência lhe dite qualquer expecta-

---

[59]. J. C. DE MELO NETO, *Poesias Completas*, Rio, Sabiá, 1968, pp. 204, 211, 210, 233, 240.

[60]. J. C. DE MELO NETO, *Poesias Completas*, Rio, Sabiá, 1968, pp. 240, 233.

tiva de felicidade futura ou de compensação extraterrena. Se nos derradeiros versos, que aliás não eram os derradeiros na primeira versão, para que a conclusão ficasse em suspenso, vibra uma nota menos amarga, a crença na força criadora do novo, nem mesmo esta nota de mitigado otimismo se desliga do nosso destino terrestre. É o apego à terra, de resto, que confere à peça o seu valor social, traindo, sob a contenção dos versos, sob o tom de aparente neutralidade, um interesse angustiado pelas vicissitudes econômicas e humanas do Nordeste.

Morte e Vida Severina (compreende-se agora a morte antecedendo à vida), escrita em 1954-1955, teve de esperar um decênio até receber a encenação que a consagraria, no Brasil e na França, ao ser apresentada no Festival de Nancy. O nosso teatro precisou progredir muito, no sentido de quebra de convenções realistas, para que pudesse evidenciar a dramaticidade latente de um poema como este, em que predomina o coletivo, sem enredo e quase sem personagens (só dois, José e Severino, são nomeados pelo autor). Foi o que conseguiu compreender e realizar a belíssima, a forçosamente original – não havia modelos – encenação feita pelo TUCA, Teatro da Universidade Católica de São Paulo, sob a direção de Silnei Siqueira[61].

Com Alfredo Dias Gomes chegamos ao Rio de Janeiro, sem nos despedir do Nordeste, que lhe forneceu o local de *O Santo Inquérito*, o Ceará do século XVIII, e uma das personagens, o Padre Cícero Romão Batista, ou Padim Cirso, de *A Revolução dos Beatos*, isso contando à parte a Bahia, palco de numerosas peças suas.

Este carioca, nascido em Salvador mas educado no Rio, com passagem por São Paulo, onde se iniciou no rádio sob o comando de Oduvaldo Vianna, é um caso ímpar no teatro brasileiro: um escritor da velha guarda, comediógrafo oficial a certo momento de Procópio Ferreira, que acabou por se tornar um dos nomes de maior

---

61. Sobre a peça e a encenação do TUCA: ODETTE ASLAN e MARLYSE MEYER, "Mort et Vie Severine", *Les Voies de la Création Théatrale*, II, Paris, CNRS, 1970, pp. 297-339.

prestígio da nova dramaturgia. Parte do milagre se desvanece, no entanto, explicando-se que ele escreveu as primeiras peças ainda na adolescência, estreando como autor com apenas vinte anos, em 1942. Não seria errado datar a sua carreira a partir de 1960, quando o TBC levou à cena *O Pagador de Promessas*, drama que, transformado em fita por Anselmo Duarte, ganharia a Palma de Ouro do Festival de Cannes. Escritor de profissão, vivendo da TV como já vivera do rádio, se não participou do processo de renovação teatral em sua fase mais aguda, foi um dos seus primeiros e maiores beneficiários, uma vez que a comédia de costumes, como a conheciam Procópio e seus contemporâneos, longe estava de esgotar-lhe as possibilidades.

Mas esse princípio, esse contato com públicos mais simples, pesou decerto em sua técnica, que, crescendo em complexidade, nunca perdeu a capacidade de se comunicar de maneira clara e direta. Concentrando a ação no espaço e no tempo, ao modo antigo, para evitar freqüentes mudanças de cena, sempre demoradas e custosas no palco realista, ou expandindo e abrindo a estrutura da peça, dividindo-a, à maneira moderna, em pequenos quadros sucessivos, jamais esquece ele a perspectiva, fazendo caminhar o enredo sem com isso confundir os planos ou conturbar a hierarquia estabelecida entre as personagens. Não sendo um escritor aventuroso, nem experimentalista, serve-se com habilidade de todos os recursos, inclusive os mais recentes, integrando-os nesse tipo de carpintaria segura, de bom artesanato, característicos do meio em que se formou.

Se a essência do teatro ocidental é o impulso para a frente, a atração pela meta predeterminada, herança talvez da fatalidade grega, nenhuma obra será mais puramente teatral que a sua. Assentam-lhe com perfeição as palavras com que Emil Staiger demarcou o estilo dramático, separando-o do épico e do lírico: "Essa rápida exposição nos mostra que o móvel do drama, a força que o leva adiante, é exclusivamente uma inexorável coerência com a questão final, que no fundo é a mesma inicial"[62]. Muitas das peças de Dias Gomes poderiam ser resumidas numa só idéia, causa primeira e última, que se vai desdobrando – porém não demais – em peripécias até formar a totalidade do enredo: um homem que quer entrar numa igreja com uma cruz e só o consegue depois de morto (*O Pagador de Promessas*); o pseudo-herói de guerra que é assassinado ao voltar à cidadezinha natal porque a sua presença destrói a exploração comercial gerada por sua falsa imagem (*O Berço do Herói*); o politicóide que acaba sendo enterrado no cemitério que ele mesmo edificara e para a inauguração do qual em vão procurara um defunto (*Odorico, o Bem-Amado*). O fato de se tratar de comédia ou drama é irrelevante, sob esse aspecto, dependendo não do desfecho, que em ambos os casos pode ser a morte, mas da natureza do protagonista, herói ou anti-herói, santo (no sentido moral, político) ou bufão. O importante é que a peça se organize sobre um achado feliz do enredo, lógico mas um tanto paradoxal, com os acontecimentos correndo como em plano inclinado, ganhando força num ritmo sempre acelerado, até explodir no seu ápice – patético ou irônico.

Em dramaturgias como esta, não preocupadas com sutilezas, as personagens dividem-se naturalmente em positivas e negativas. Maus, numa gradação que vai da hipocrisia à violência, da subserviência ao exercício arbitrário do poder, são os que desejam manter as coisas no pé em que estão, tirando vantagem das desigualdades econômicas: policiais safados, jornalistas cínicos, políticos exímios em explorar a credulidade alheia. Bons são os que se rebelam, por motivos conscientes ou inconscientes, contra a estrutura de uma sociedade injusta. Significativo, a esse respeito, é o tratamento dado à religião. Todo o sarcasmo do autor dirige-se à Igreja, aos padres, ou complacentes ou fanáticos, com o seu feroz cortejo de beatas. E toda a sua simpatia ao misticismo popular, ingênuo, tolo, mas puro como sentimento e in-

---

62. E. STAIGER, *Conceitos Fundamentais da Poética*, Rio, Tempo Brasileiro, 1972, p. 145.

teressante como expressão de uma revolta mal compreendida e mal endereçada. É que uns estão dentro e os outros fora do quadro das regalias sociais.

Dias Gomes, homem declaradamente de esquerda, usa o arsenal épico quando o enredo o requer, mas nada tão contrário ao seu temperamento quanto a teoria do distanciamento ou mesmo certas posições de Brecht, que nunca hesitou em aceitar como normais, no palco e na vida, o medo da morte, as concessões feitas para salvar a pele, as acomodações temporárias, o lance de astúcia que engana o inimigo. O escritor brasileiro, tendo enfrentado perigos menores, sempre fez questão de exaltar o destemor, o sacrifício efetuado em nome de uma idéia superior. Não é incomum em seus dramas (nas comédias a morte dá-se por equívoco) o herói afirmar-se e reconhecer-se como tal, dispondo-se a antes perecer que transigir. É o momento em que Branca Dias, em *O Santo Inquérito*, desafia a Inquisição: "Há um mínimo de dignidade que o homem não pode negociar, nem mesmo em troca da liberdade". Em que Zabelinha, de *A Revolução dos Beatos*, replica: "a gente deve lutar por aquilo em que acredita". Em que Zé do Burro vai em frente em sua obstinação, sem ter a convicção de que Santa Bárbara, a quem fez a promessa, continue a seu lado: "Não... mesmo que ela me abandone, eu preciso ir até o fim. Ainda que não seja por ela... – que seja só para ficar em paz comigo mesmo"[63].

Essa sensação de paz interior, esse sentimento de integridade, de pessoa capaz de quebrar mas não de torcer, situa-se no plano moral. Mas por baixo dele, subjacente ou aflorando à superfície, fica outro plano, o político, onde se lê o sentido da história. A luta não se trava, pois, como poderíamos pensar, entre a tolerância e a intolerância, mas entre duas intolerâncias, a boa e a má, a legítima, por trabalhar a favor da justiça social, e a ilegítima, que deseja apenas perpetuar os privilégios atuais.

---

63. DIAS GOMES, *Teatro*, Rio, Civilização Brasileira, 1972, v. II, p. 662; v. I, pp. 317, 111.

Todo bom escritor tem o seu instante de graça, possui a sua obra-prima, aquela que congrega numa estrutura perfeita os seus dons mais pessoais. Para Dias Gomes essa hora de inspiração veio-lhe no ia em que escreveu *O Pagador de Promessas*. Em torno de Zé-do-Burro — herói ideal, por unir o máximo de caráter ao mínimo de inteligência, naquela zona fronteiriça entre o idiota e o santo — o enredo espalha a malícia e a maldade de uma capital como Salvador, mitificada pela música popular e pela literatura, na qual o explorador de mulheres se chama inevitavelmente Bonitão, o poeta popular, Dedé Cospe-Rima, e o mestre de capoeira, Manuelzinho Sua-Mãe. O colorido do quadro contrasta fortemente com a simplicidade da ação, que caminha numa linha reta da chegada de Zé-do-Burro à sua entrada trágica e triunfal na igreja — não sob a cruz, conforme prometera, mas sobre ela, carregado pelos capoeiras, "como um crucificado"[64]. A história já é por si só comovente mas assume pela singeleza com que é contada a feição de um símbolo, algo que não se deixa reduzir com facilidade a explicações racionais menores. A aura de poesia, nas personagens e nos acontecimentos, não nas palavras, dá-lhe a amplitude de uma fábula, de um apólogo, quase de um mito — o sacrifício do puro, do inocente, daquele que não provou do fruto do Saber —, com conotações religiosas e ritualísticas.

Esse é o melhor Dias Gomes. Quando, ao contrário, ele se aproxima em demasia da realidade, buscando interpretá-la à luz da psicologia (*Vamos Soltar os Demônios*) ou da política (*A Invasão*), freqüentemente não escapa do óbvio, do já conhecido. Conservando embora a sua lucidez expositiva, não aprofunda devidamente o debate de idéias ou das relações entre as idéias e os homens. Presta-se menos aos seus desígnios, em tais ocasiões, o drama do que a comédia satírica, por índole tendente às simplificações[65].

64. DIAS GOMES, *Teatro*, Rio, Civilização Brasileira, 1972, v. I, p. 115.
65. Sobre Dias Gomes: A. ROSENFELD, "A Obra de Dias Gomes", in Dias Gomes, *Teatro*, Rio, Civilização Brasileira, 1972, v. I, pp.

Jorge Andrade reconduz-nos a São Paulo. Se existe alguma coisa para ressaltar em seu ciclo de dez peças, *Marta, a Árvore e o Relógio*, seria a diversidade de temas e o aproveitamento pessoal das mais variadas influências. Ele próprio, de resto, indicou as suas raízes literárias, dependurando no escritório de Vicente, autor teatral e seu *alter ego*, fotografias de Ibsen, Tchekhov, O'Neill, Arthur Miller e Bertolt Brecht. Se adicionássemos o Sófocles de *Antígona* e o Tennessee Williams de *Um Bonde Chamado Desejo*, obteríamos o elenco completo dos dramaturgos – entre os romancistas apenas Dostoiévski participa de sua galeria de retratos – que o ensinaram a pensar o teatro e a entender os homens.

Mas, na verdade, o centro de sua dramaturgia é ele mesmo – e por extensão o Brasil. As experiências e vivências pessoais formam o núcleo de uma reflexão que se foi dilatando através da geografia e da história até constituir um painel como não há outro pela extensão e coerência em nosso teatro.

As suas primeiras peças, dependentes ainda do realismo mas já procurando fugir ao fotográfico pelo uso imaginativo do espaço e do tempo, examinam com muita penetração o ambiente social que ele conheceu em menino, de fazendeiros atrasados nos costumes e métodos de trabalho, melhores caçadores que administradores de terras herdadas de pais, avós e bisavós, aristocratas quanto ao mando mas simples e rústicos em sua maneira de ser. *O Telescópio* e *A Moratória* apanham esse mundo rural no momento em que ele entra em crise, provocada pela recessão de 1929 e pelo surgimento de uma nova moralidade, menos alicerçada na coesão familiar. O desentendimento entre pais e filhos é inevitável, abrindo um vácuo entre as gerações, o que não significa todavia progresso moral, dado que novos valores de vida não vêm substituir os antigos.

Pedreira das Almas, escrita a seguir, recua para a Minas do século XIX (de onde provinha esta tradição

---

XI-XLIII. O volume contém ainda estudos de Sábato Magaldi, Flávio Rangel, Paulo Francis, Yan Michalski e Antonio Callado.

agrária, paulista pela localização mas mineira em sua essência), em busca de terreno mais firme, de tempos não tão equívocos quanto o nosso, de homens e mulheres feitos de uma peça só, descompassados e excessivos tanto nos acertos quanto nos erros. É o passado nacional engrandecido pela poesia, em obediência aos cânones da tragédia grega. O autor, no desfecho da peça, não se decide em face do problema da tradição, aceitando seja os que a renegam em nome da liberdade individual ou da construção de uma sociedade mais justa, seja os que se sacrificam para não sacrificar a herança paterna.

Esgotado de momento esse filão mineiro, Jorge Andrade volta a atenção, com uma ponta de malícia, para outra linhagem histórica, a dos paulistas de quatrocentos anos. *A Escada, Senhora na Boca do Lixo, Os Ossos do Barão* enchem o palco com senhoras maduras e senhores no limiar da senilidade, orgulhosos por terem aportado ao Brasil ao lado de Martim Afonso de Sousa, ocupados em discutir genealogia – quem é parente de quem, e através de quem – nos poucos intervalos de tranqüilidade que lhes concedem as agruras econômicas da vida moderna, onde não dispõem mais do seu lugar. A solução, apontada numa das peças, estaria no casamento com algum descendente de imigrantes enriquecidos, numa fusão de correntes sangüíneas e monetárias, em que uns entram com a tradição e outros com o dinheiro. O drama desliza para a comédia molieresca, na qual novos ricos e novos pobres aprendem a conviver entre si, acostumando-se à repentina troca de posições, tudo isso para o bem de São Paulo.

Jorge Andrade está agora maduro para deixar a sua classe, de que traçou um retrato cada vez mais crítico e menos enternecido, na proporção em que se distanciava das imagens da infância. Em *Vereda da Salvação*, pela primeira e última vez, ele vai ao outro extremo da escala, encenando a tragédia das populações marginalizadas, isoladas econômica, social e moralmente. Um episódio real, noticiado pelos jornais e estudado por sociólogos, enseja-lhe um mergulho a fundo na questão tão brasileira do messianismo popular. Desprezando os tons cômicos freqüentemente associados às culturas caboclas ou sertanejas, ele ilumina por intermédio de um caso específico as complexas causas, individuais e coletivas, que levam um agrupamento de pessoas, guiadas por um chefe fraco e improvisado, cuja loucura é encarada como visão profética, a querer abandonar a terra, a largar os seus poucos bens materiais e a sacrificar filhos, para atingir o céu e a bem-aventurança pela via mais direta, simplesmente alçando vôo, como os anjos que já julgam ser. O que nas peças anteriores não parecia mais do que desajuste, incapacidade de encarar a realidade, apego doentio a um passado sacralizado pela memória familiar, evolui de neurose a psicose generalizada, alienação mental e não mais apenas social. A "vereda da salvação" que lhes resta é a saída para cima, o impulso a um paraíso celestial que os livrará da penúria e das fraquezas da carne, da fome e do pecado, da miséria do corpo e das misérias da alma, dos conflitos interiores e exteriores.

As três últimas peças do ciclo (estamos seguindo aproximadamente a ordem em que foram elas escritas, não a da publicação em volume) agrupam-se à volta das preocupações mais fundamentais de Jorge Andrade. Sintetizando, diríamos que *Rasto Atrás* utiliza a metáfora da caçada, a luta de esconde-esconde entre caça e caçador, para pôr em relevo o conflito, já esboçado antes, entre pai e filho – ou, se quiserem, entre a incipiente vocação literária de um rapaz e o meio agreste, refratário à arte, em que ele nasceu e se fez homem. *As Confrarias*, recorrendo também de algum modo a uma metáfora, desta vez histórica (a ação se passa em Ouro Preto, às vésperas da Inconfidência, tendo como protagonista um ator), revela a eterna fragilidade do teatro, sempre sem função social definida, e cindido, no Brasil da época, em seitas inimigas ("as confrarias" do título), por causa dessas intransigências político-estéticas que receberiam mais tarde o nome de "patrulhas ideológicas". *O Sumidouro* aborda o tema intrincado das relações entre autor e personagem, a propósito de um drama sobre Fernão Dias cuja elaboração acompanhamos na parte final e que investiga o sentido do bandeirismo paulista, sob uma perspectiva nacionalista e popular moderna. As três peças perfazem por assim dizer uma trilogia: o artista enquanto homem, em luta contra preconceitos e obstáculos de toda espécie; o artista enquanto membro de uma classe, a teatral, não só menosprezada mas que se autodilacera; e o artista enquanto criador, interrogando-se e interrogando os outros através das fantasias brotadas de sua imaginação.

Se Jorge Andrade, com as suas angústias e perplexidades, é sempre o foco irradiador, o resultado de suas cogitações, como aparece no ciclo, acaba por abranger boa parte da história de São Paulo e Minas, do século XVII ao XX, com estágios pelo XVIII e XIX. Nesse processo constante de auto-análise, que é por outro lado uma análise de pessoas e coletividades com que ele entrou em mais íntimo contato, serviram-lhe de bússola algumas idéias, trabalhadas dramaticamente por O'Neill e Arthur Miller, mas originadas em Ibsen. Vem de *Os Espectros*, por exemplo, a tradição concebida como herança capaz de esmagar eventualmente os mais jovens, como decorre de *O Pato Selvagem* a noção de "mentira vital", daquelas ilusões que, mascarando as realidades mais desagradáveis sobre nós mesmos ou sobre aqueles que amamos, ajudam-nos a suportar a existência. No jogo entre vivos e mortos, mentiras e verdades, Jorge parece aprovar as personagens realistas, as que têm os pés fincados no chão: as mulheres em relação aos homens, os filhos em relação aos pais, como regra geral. Mas o seu *élan* criador fica invariavelmente com os outros – os artistas, os sonhadores, os ineptos, os lunáticos. Tal é, aliás, a conclusão de *O Sumidouro* e por conseqüência de todo o ciclo. A recompensa pela corrida incessante em que consiste a vida humana está na procura, não nos frutos colhidos. Fernão Dias é grande pelo que almeja, não pelo que faz. A busca, seja de esmeraldas, seja de uma obra de arte, ao nortear a trajetória de um homem, já cumpriu a sua missão. A utopia, a aspiração a um mundo melhor, projetada no passado (*A Escada*), no futuro (*Pedreira das Almas*), em algum lugar perdido na mata (*O Sumidouro*) ou mesmo para além da terra (*Vereda da Salvação*), é o mais forte pilar de sustentação de *Marta, a Árvore e o Relógio*. Das três palavras que compõem esse título um tanto enigmático, a primeira, Marta, refere-se a uma mulher que é a mola propulsora do ciclo, encarnando o espírito crítico e revolucionário do povo; a segunda, evocando a árvore genealógica, remete-nos ao passado, sem o qual não se compreende o presente; e a terceira, o relógio, relaciona-se com o tempo, estagnado para certos grupos sociais, correndo aceleradamente para outros.

Pelo lado técnico, o caminho percorrido por Jorge Andrade, entre 1955 e 1970, refaz o percurso, ou pelo menos uma das trilhas principais, do teatro brasileiro. Os seus primeiros dramas são dos mais realistas que possuímos, não por retratar melhor a realidade, questão sujeita a infinitas interpretações, políticas, religiosas, filosóficas, porém por se inscrever num determinado programa estético. Mas tal realismo, de terceira ou quarta geração, tingido desde o início do século por toques simbolistas (a maioria dos títulos de Jorge Andrade comporta duas leituras, a literal e a simbólica), contamina-se progressivamente por efeitos expressionistas e teatralistas. *A Moratória*, por exemplo, ergue-se sobre dois espaços e dois tempos simultâneos, colocando o público fora e acima deles, ou seja, exatamente, como espectador de teatro. A tendência a fragmentar a realidade e recompô-la em nova disposição cênica atinge o ponto máximo, dentro do ciclo, em *Rasto Atrás*, que não só estilhaça o espaço e o tempo como rompe a unidade do protagonista, fazendo-o ser interpretado por quatro atores, correspondentes a quatro idades e quatro situações cruciais de sua vida. A solidez do realismo autêntico – o antigo, naturalmente – perde assim a sua consistência, ao privar-se, além da personagem una e coesa, da estabilidade espacial e da ordenação cronológica. O espetáculo, por sua vez, recorre agora a cenários tendentes ao abstrato, muitos deles com acentuado predomínio dos sentimentos subjetivos. Ao produto resultante dessa fusão de tendências chamamos de realismo poético – a realidade psicológica e social, ainda existente, refratada por processos que visam a lhe dar maior alcance e originalidade artística.

A ruptura com o realismo, contudo, só se consuma no fecho do ciclo, com *O Sumidouro* e *As Confrarias*. Enquanto metateatro, ambas as peças falam sobre o teatro, como um espelho que refletisse também a si mesmo e não apenas a realidade. E enquanto textos épicos, ou epicizantes, não vacilam, mormente o primeiro, em aproveitar os mais modernos recursos cenográficos, como preconizava Piscator: projeção de *slides*, de filmes, de tudo o que faça o palco narrar, completando a ação. Jorge Andrade, se não se convertera ao brechtianismo, já não podia dar-se o luxo de ignorar as vantagens oferecidas por um sistema que permite discutir, por sobre as querelas individuais, as grandes questões históricas. Aos poucos, o social suplantara o psicológico, o teatro político impusera-se ao realista, dando a última palavra, (através de Marta) ao povo, e não aos fazendeiros mineiros ou aos aristocratas mais urbanizados de São Paulo.

Resta saber se o escritor paulista não se prejudicou um pouco com essa evolução. As últimas peças do ciclo envolvem projetos tão grandiosos, pedem número tão grande de atores e tal aparato cênico, que deixaram de ser representáveis, pelo menos de momento, por um teatro pobre como o nosso. De outra parte, ele sobrecarregou tanto o texto de segundas intenções, de alusões mais ou menos recônditas, de informações dadas de raspão, obliquamente, que é o caso de se perguntar – só a representação nos daria a resposta – se não comprometeu às vezes o essencial, obscurecendo a linha de desenvolvimento do enredo[66].

---

66. Sobre Jorge Andrade: A. ROSENFELD, "A Visão do Ciclo", in J. ANDRADE, *Marta, a Árvore e o Relógio*, São Paulo, Perspectiva, 1970, pp. 599-617. O volume apresenta ainda estudos de Delmiro Gonçalves, Lourival Gomes Machado, Decio de Almeida Prado, Antonio Candido, Sábato Magaldi, Richard Morse e Osman Lins.

Os anos imediatamente anteriores e posteriores a 1964 enfatizavam a dramaturgia política, ainda mais que a social. Se não era esse todo, nem talvez o melhor teatro, foi sem dúvida aquele em que a comunidade teatral, representada por suas facções mais combativas, melhor se reconheceu. O país dividia-se e ninguém, autores ou público, críticos ou intérpretes, aceitava ficar à margem dos acontecimentos. A idéia de que a arte é sempre engajada, por ação ou omissão, por dizer sim todas as vezes em que se esquiva a dizer não ao *status quo*, fornecia o diapasão pelo qual cada um afinava o seu instrumento.

Alguns tipos de personagem destacavam-se, repetindo-se com variações em mais de uma peça. Os patrões – majores e coronéis no interior, donos de fábrica na cidade – pouco apareciam em cena, principalmente os segundos, que não contavam sequer com os atrativos do pitoresco. Eram em geral substituídos no palco por seus agentes, delegados de polícia truculentos, incumbidos de reprimir qualquer anomalia ameaçadora da ordem social. Nessa qualidade, apesar de sua importância na vida real, não passavam na peça de antagonistas destinados a ressaltar as figuras de primeiro plano.

Nos grandes centros urbanos, bem no âmago do capitalismo, como sua principal célula econômica e também como seu pior inimigo, lá estava o operário, pobre, ignorante, mas já começando a tomar conhecimento de suas potencialidades, a perceber que os fracos, unindo-se, derrotam os fortes. A greve e a união em torno do sindicato significam para ele menos uma oportunidade de luta por reivindicações precisas, salariais ou de outra natureza, do que o estopim deflagrador de um processo de esclarecimento político que se começou a chamar de conscientização. O brotar de um sentimento de classe, ainda em embrião, seria o primeiro passo de toda atividade merecedora do nome de revolucionária. Quanto ao líder revolucionário, cujo exemplo mais acabado acha-se em *A Semente* de Gianfrancesco Guarnieri, já não se pode dizer que esteja dentro do capitalismo, mesmo quando operário e chefe sindical. Herói que pela clarividência e pelo esforço de vontade instala-se no plano superior da História, onde tudo é presente, enxergando o que os outros têm dificuldade de discernir, liberto das contingências e das peias do individualismo, declara-se pronto a sacrificar a sua felicidade e se preciso for a sua vida para que a humanidade dê um passo à frente.

Os heróis positivos, no entanto, não são os mais freqüentes. Os escritores, sabendo que a ficção dá-se melhor com os vencidos, preferiam mostrar o tecido revolucionário pelo avesso, focalizando grupos que, ignorados pela sociedade oficial, não participando nem de seus ônus nem de seus proventos, protestavam da única maneira que conheciam, com escassa ou nenhuma consciência política. Na cidade, quando se tratava do Rio de Janeiro, seria o malandro do morro, engraçado, mulherengo, vivendo de expedientes, simpático por sua coragem e perigoso por seu revólver ou sua navalha, ainda mais vítima do que criminoso. Antônio Callado estilizou-o comicamente, em *Pedro Mico*, e Guarnieri dramaticamente, em *Gimba, o Presidente dos Valentes*.

Foi no campo, todavia, que esse filão mostrou-se mais rendoso. Pululavam, de modo especial no Nordeste, as formas de viver anti-sociais ou a-sociais, potencialmente revolucionárias – ou assim se pensou –, desde o cangaceirismo até o messianismo. Modelos reais, em todo caso, é que não escasseavam – Lampião, Antônio Conselheiro, Padre Cícero. Todos eles compareceram ao palco, com maior ou menor freqüência, mas, via de regra, despidos de suas peculiaridades, considerados antes como símbolos, poetizados ou mitificados pela palavra cênica, para que a lição não se restringisse. Os arquétipos, não as pessoas, a organização e o funcionamento social, não as individualidades, eram os objetos desta dramaturgia resolutamente não realista.

Não se podia manter o teatro em tal estado de tensão, de empenho político, sem que alguém, em certo instante, chegasse à conclusão de que o palco, com as suas dimensões exíguas e o seu público reduzido, constitui uma arma bem pouco eficaz para a ação revolucionária. Largar os camarins, sair para a rua, participar mais de perto da luta, dirigir-se ao povo não tendo obrigatoriamente a bilheteria como intermediário, é uma tentação constante quando se quer, com Marx, não descrever mas transformar o mundo. Algumas tentativas foram feitas nesse sentido. A mais extremada, a que melhor desempenhou o seu papel, coube ao núcleo de teatro do Centro Popular de Cultura, fundado no Rio de Janeiro em fins de 1961. Dependente da União Nacional de Estudantes, mas com relativa autonomia, contrapôsse ao Teatro de Arena de São Paulo, de que era filho rebelde, por não ter escrúpulos em submeter totalmente a arte à política, em teoria como na prática[67]. O propósito do grupo, desde o início, era fazer um teatro rápido, ágil, improvisado a várias mãos, sem pretensões exceto a de servir, capaz de atender às necessidades imediatas da propaganda revolucionária, de trocar em miúdos os temas ideológicos, de acorrer em poucas horas ao local de um comício ou de subir aos morros cariocas para debater sob forma dramática as dúvidas do operariado. Todos os seus participantes – e havia entre eles gente da melhor qualidade artística e humana – rememoram com saudade o ambiente de camaradagem então reinante, o prazer de trabalhar por uma causa que julgavam justa e para uma vitória que parecia iminente. Mas também assinalam, em seus depoimentos, as barreiras que teriam de ser vencidas e nunca o foram: a distância existente entre artista e povo; os problemas econômicos surgidos desde que se dispense a bilheteria e não se queira atrelar a empresa teatral a partidos políticos ou a órgãos de governo; censuras internas, exercidas por algumas das muitas tendências em que a esquerda já principiava a se ramificar; o choque, às vezes dentro do mesmo indivíduo, entre a vocação artística e as exigências propagandísticas; as falhas devidas à precipitação com que os espetáculos deviam ser realizados.

67. Sobre a posição estética do CPC: C. E. MARTINS, "Anteprojeto do Manifesto do CPC", *Arte em Revista*, n. 1, São Paulo, Kairós, 1979, pp. 67-79; sobre a história do CPC: *História do CPC*, depoimento de CARLOS ESTEVAM MARTINS, *Arte em Revista*, n. 3, São Paulo, Kairós, 1980, pp. 77-87.

Oduvaldo Vianna Filho, em sua última entrevista, concedida pouco antes de falecer, em 1974, assim sintetizou a experiência de que fora um dos cabeças e uma das cabeças pensantes:

> Você me perguntou se eu vi o resultado no trabalho do CPC. E eu lhe digo que quem aproveitou melhor o trabalho fomos nós, integrantes do CPC. Descobrimos que na horizontalização da cultura há necessidade, em primeiro lugar, de um trabalho de continuidade, e essa continuidade para nós não existia. Eu acho que realizei espetáculos teatrais em todas as favelas do Rio de Janeiro, mas devo ter realizado um ou dois em cada uma. Isso significa uma total descontinuidade e não tinha nenhum significado. Nós trabalhávamos em sindicatos, mas as condições de trabalho eram utópicas. Era paixão pela atmosfera, a paixão pelo encontro do intelectual com o povo e realmente, para nós, era incandescente mas, ao mesmo tempo, muito romântico, e que informou muito mais a nós do que à massa trabalhadora[68].

A aliança entre teatro e povo, era o que todos pretendiam cimentar, mas por motivos e sob formas diversas, ora em bases poéticas, ora em bases políticas, ora para o bem do teatro, ora para o bem do povo. Alguns esperavam encontrar na arte popular, na paraliteratura dos romances de cordel ou no parateatro dos autos pastoris e dos espetáculos de mamulengo, a chave de uma dramaturgia medularmente nacional, que refletisse o Brasil através de suas manifestações mais autênticas e mais primitivas. Outros enxergavam no palco um veículo precioso a quem desejasse ministrar à "massa trabalhadora" (expressão de Vianinha) as noções de que ela necessitava não só para se defender como para contra-atacar no momento oportuno.

O povo figurava, portanto, nos mais diversos projetos, seja como emissor, seja como destinatário, seja como objeto da mensagem – e não seria difícil aplicar ao caso outros conceitos cedidos pela lingüística à teoria da comunicação. Buscava-se tanto articular a voz do povo, quase inaudível em meio à cacofonia moderna, quanto adivinhar-lhe as obscuras intenções. Obedecia-se, ou supunha-se obedecer ao povo, mas também ordenava-se ao povo, em tom exortativo ou imperativo.

68. O. VIANNA FILHO, "A Última Entrevista", *Revista de Teatro*, Rio, SBAT, jul.-ago 1974, transcrito do *Jornal do Brasil*, de 17.07.1974.

Ninguém sabia se as palavras proferidas aqui chegavam de fato até o lado de lá, se o canal funcionava nos dois sentidos, ou mesmo num só, levando-se em conta que o sistema de comunicação empregado, o teatro, não estava equipado materialmente para tão gigantesca tarefa. Mas o povo, em qualquer das alternativas, pelo menos enquanto hipótese de trabalho, nunca deixava de aparecer como o interlocutor ideal do teatro. Bastava a sua presença, não no palco ou na platéia, mas na cabeça dos autores e intérpretes, para que a peça e a representação tomassem novos aspectos. Se o povo provavelmente pouco mudou nesse período, o teatro, por influência dele, mudou muitíssimo.

Porém, não quanto aos seus fundamentos estéticos. O que se modificou dizia respeito antes a fatores que poderíamos chamar de externos: em nome de quem, sobre o que e para quem fala a obra de arte. As relações internas, a ordem de precedência entre os elementos constitutivos do espetáculo, não tinham sido tocadas. Primeiro, escrevia-se o texto, em moldes dramáticos ou épicos. Depois, cuidava-se de transportá-lo para a cena, sem que ele perdesse nenhum dos seus valores nessa delicada operação, efetuada sob as vistas atentas do encenador, o elemento de ligação entre a literatura e o palco. Os próprios métodos de montagem permaneciam basicamente os mesmos, enriquecidos aqui e ali por certas inovações técnicas (exercícios de laboratório etc.). Se havia ruptura de fins, havia igualmente continuidade de meios, entre, por exemplo, o Teatro Brasileiro de Comédia e o Teatro de Arena.

É o que não se tardaria a perceber. Outras contestações, outras revoluções viriam. Estéticas e radicais.

4.

Os abalos de 1968 estão ainda tão próximos que a rigor dispensariam comentários. Os acontecimentos de Cuba haviam convencido a mocidade, sobretudo a latino-americana, que um pequeno grupo de pessoas, guiadas por um chefe decidido a matar e a morrer, é capaz de mudar o destino de um país. A Revolução Cultural Chinesa, interpretada do nosso ângulo ocidental, parecia dizer que está ao alcance do homem, dependendo da determinação de cada um de nós, a possibilidade de recomeçar a vida social a partir de zero, não sendo necessário esperar que se cumpram lentas modificações econômicas para que o pensamento e a prática diária se reformulem. A imagem projetada à distância era de uma planta que se poda impiedosamente para que refloresça. Essas esperanças de um renascer não apenas político mas abrangendo a totalidade da atividade humana, infra e supra-estrutural, recrudesceram em maio de 1968, quando a classe estudantil francesa dominou Paris por alguns dias, ameaçando instalar a imaginação no poder e estabelecer, como princípio único, que seria proibido proibir. Revolução e anarquia davam-se as mãos, não importa que para um reinado improvável e efêmero. Alguma coisa tinha despertado no espírito da juventude.

A arte, sacudida pelas sucessivas ondas revolucionárias, veleitárias ou reais, retornou ao clima do primeiro após-guerra, ressuscitando em variantes atuais a iconoclastia dadaísta ou o onirismo surrealista. Quanto ao teatro, já perturbado pela dramaturgia do absurdo, que apresentava versões leve e ambiguamente absurdas de um universo julgado absurdo em suas próprias bases metafísicas e existenciais, retirou do limbo a figura impressionante e contraditória de Antonin Artaud, esteta e louco de hospício, ator e vidente, profeta e artesão do palco. Se por um lado ele dava indicações precisas sobre o que pretendia realizar cenicamente, por outro divagava com enorme força poética sobre o que chamava de teatro da crueldade, teatro ao mesmo tempo selvagem e moderno, primitivo e refinado, capaz de desvincular-se das amarras intelectuais, de retornar ao concreto do corpo do ator, conferindo ao espetáculo as proporções de um ritual mágico coletivo, que apagasse as fronteiras entre circunstantes e celebradores do culto e irmanasse no mesmo fervor místico e estético carne e intelecto, indivíduo e sociedade.

No Brasil os primeiros indícios de insatisfação com o teatro político apareceram em 1967, ano em que Plínio Marcos surpreende a todos, e talvez a si mesmo, com o sucesso nacional de peças a princípio lançadas modestamente como *Dois Perdidos numa Noite Suja*, inspirada no conto "O Terror de Roma" de Alberto Moravia, e *Navalha na Carne*. A intenção do autor não era menos de esquerda que a do Teatro de Arena. Mas os seus textos, com não mais do que duas ou três personagens, atribuíam ao social apenas a função de pano de fundo, concentrando-se nos conflitos interindividuais, forçosamente psicológicos. Além disso, a estranha humanidade – se é que merecia tal nome – que habitava os seus dramas, composta de prostitutas de terceira categoria, desocupados, cáftens, garçons homossexuais, não constituía propriamente o povo ou o proletariado, nas formas dramáticas imaginadas até então. Seriam antes o subpovo, o subproletariado, uma escória que não alcançara sequer os degraus mais ínfimos da hierarquia capitalista. Em vez de propósitos revolucionários, ou de uma encantadora ingenuidade, revelavam em cena um rancor e um ressentimento que, embora de possível origem econômica, não se voltavam contra os poderosos, por eles mal entrevistos, mas contra os seus próprios companheiros de infortúnio. Nessa luta áspera, cotidiana, a agressão verbal, o palavrão (usado se possível com certo requinte de maldade), valia alguns pontos. A agressão física, muitos pontos. De acordo com a velha sabedoria popular brasileira, quem pode mais chora menos. Até a sexualidade não passava de uma arma de combate, através da qual o homem inferioriza a mulher – daí o binômio prostituta-cáften – e tenta inferiorizar os outros homens, negando-lhes a sua condição de machos. Nesse sentido, como outras peças demonstrariam, notadamente *Barrela*, a expressão suprema de triunfo, para uns, e de humilhação, para outros, seria o estupro masculino, efetuado coletivamente contra alguém que por sua petulância ou inconformismo desafia o poderio do grupo.

Plínio Marcos, acreditamos que sem o querer, orientado unicamente por seu instinto de escritor, abria assim caminho para os protestos de grupos que se julgavam oprimidos – as mulheres e os homossexuais. Por essa brecha transitaram e continuaram a transitar muitos autores, e também autoras, já que foi nesse momento que as dramaturgas começaram a freqüentar os nossos palcos. Anatol Rosenfeld, escrevendo sobre o ano de 1969, admirava "o número surpreendente de novos talentos" então surgidos, relacionando os nomes de Leilah Assumpção (*Fala Baixo Senão Eu Grito*), Isabel Câmara (*As Moças*), Consuelo de Castro (*À Flor da Pele*), José Vicente (*O Assalto*) e Antônio Bivar (*O Cão Siamês*). Salientando que todos os estreantes, ou quase estreantes deviam um pouco de sua inspiração a *Zoo Story* de Edward Albee, reduzia esses seus textos, sem com isso diminuí-los, à mesma configuração básica:

As cinco peças mencionadas se assemelham pela estrutura: duas personagens apenas, das quais uma, marginal e *outcast*, livre ou neurótica e inconformada, agride a outra mais "quadrada", de tendência mais conformista, assentada e estabelecida, de mentalidade "burguesa" embora não pertença necessariamente à classe burguesa. Realistas pela linguagem coloquial e drástica, eivada de palavrões – linguagem sem dúvida influenciada por Plínio Marcos – avançam para uma expressividade que, em muitos momentos, se abeira do expressionismo confessional, do surrealismo e do absurdo[69].

O que acontecia é que os dramaturgos nacionais estavam se agitando em busca de uma liberdade maior, ou diversa, não exatamente igual à definida pelo liberalismo clássico. No que diz respeito às personagens, começavam a encarar com grande simpatia as condutas aberrantes, consideradas anormais, nos limites ou às vezes já entrando pelo delírio adentro, reclamando para elas a permissão de exprimir sem censuras lógicas ou morais a parte mais irredutível e original de suas personalidades. Colocavam-se assim contra a ordem, qualquer que fosse, tanto a burguesa quanto a da esquerda oficial, erigidas ambas sobre a submissão do indivíduo à sociedade. Também no referente à peça, em sua organização interna ou em suas relações com o mundo exterior, exigiram os novos autores liberdade de atender às

69. A. ROSENFELD, "O Teatro Brasileiro Atual", *Comentário*, n. 4, v. 10, 1969, p. 319.

sugestões do inconsciente ou da imaginação poética, quebrando as regras dramáticas e a estrita verossimilhança psicológica, incorporando ao real o grão de loucura não menos necessário à existência diária do que a obra de arte. Os escritores pediam para si, em suma, a mesma autonomia de ação que estavam dispostos a dar às suas personagens. Vida e teatro deviam escapar juntos à servidão da racionalidade excessiva.

Em *Fala Baixo Senão Eu Grito*, por exemplo, Leilah Assumpção não separava rigidamente ficção e realidade, mantendo o público na incerteza sobre até que ponto a intrusão súbita de um homem, talvez um ladrão, no quarto de uma moça solteira e recatada, era um fato ou uma fantasia libertadora de pulsões recalcadas – ou ambas as coisas. *Apareceu a Margarida*, de Roberto Athayde, produzida pouco depois, em 1973, não só tratava do mesmo tema, a repressão sexual da mulher, como misturava igualmente plausibilidade e implausibilidade na figura de uma professora de primeiras letras – os alunos éramos nós, na platéia –, tirânica e anárquica, que passava sem meio-termo das prédicas cívicas ao palavrão, dos ensinamentos morais às explosões histéricas e escatológicas. Os dois textos, por coincidência, foram interpretados com enorme senso cômico-dramático por Marília Pera, sendo a seguir traduzidos e apresentados na Europa.

Não era alheia a essa curiosa amálgama do sólito e do insólito, do que sói e do que não sói acontecer, a presença longínqua do surrealismo, como anotara de passagem Anatol Rosenfeld. O teatro do absurdo, que reviveu nas décadas de cinqüenta e sessenta tais tendências irrealistas – ou supra-realistas, melhor dizendo – não chegou a existir no Brasil enquanto movimento autóctone e permanente. Encenamos Ionesco e Beckett, mais tarde Pinter e Arrabal, a exemplo do que ocorreu por toda parte, mas não nos aventuramos por um terreno que estava demasiado longe de nossas preocupações enquanto nacionalidade, com exceção de algumas experiências isoladas de Ari Chen (*O Excluso*) e Edgard da Rocha Miranda (*O Estranho*), este já com peças representadas pelos Comediantes e pelo Teatro Brasileiro de Comédia.

Indiretamente, no entanto, o fermento do absurdo não deixou de levedar, quer introduzindo entre os autores mais jovens uma nota de heterodoxia, quer exumando o vulto há muito tempo enterrado de José Joaquim de Campos Leão (1829-1883), que se assinava, na sua particularíssima ortografia, Qorpo-Santo. Homem de algumas letras e alguns haveres, a vocação dramática veio-lhe após uma crise mística, ou ataque de loucura, que o levou a escrever quase de um jato, entre janeiro e junho de 1886, um total de dezesseis peças, em geral curtíssimas, e cujas personagens se chamam, para dar uma pequena amostra, Pedra, Inesperto, Almeida Garrê, Fernando Noronha, Ostralâmio e Revocata.

A sua intenção parece ter sido não raras vezes, como já foi observado, a de escrever comédias nos moldes empregados por um Martins Pena, nas quais os conflitos familiares, entre marido e mulher, pai e filho, patrão e empregado, descambam logo em pancadaria, recurso tradicional do teatro popular. Só que o enfraquecimento da censura moral e artística leva algumas destas pretensas farsas a extremos de crueldade ou de incongruência que podem se assemelhar às da vanguarda moderna. Tudo flui, nada permanece idêntico a si mesmo em tal dramaturgia, aparentemente pela dificuldade sentida pelo autor em estabilizar o pensamento, fixando-o por mais de alguns minutos sobre a mesma personagem ou sobre a mesma situação, para não falarmos em entidades tão distantes deste teatro como temas e enredos bem construídos. Quadros, atos, peças inteiras passam por nós com rapidez espantosa, enquanto a ação dramática – ou o que dela resta, escapando à conversa e ao devaneio – só muito ocasionalmente mantém a continuidade.

Se alguma figura emerge com relativa nitidez desse caleidoscópio incessante e afinal cansativo, quando se lê de uma só vez várias peças, será apenas a do próprio criador, mais interessante do que qualquer de suas voláteis criaturas, que não hesitam em trocar de personalidade e até mesmo de nome entre uma cena e outra. Ele,

Qorpo-Santo, visto diretamente sob as inciais Q-S ou entrevisto através de referências, ora é o profeta, o santo, o iluminado, "tão grande ou maior que o próprio Jesus Cristo", aquele que na crise de 1863 subira ao céu e a quem durante certo tempo fora vedado o comércio carnal com as mulheres; ora, o guia político da nação, sucessivamente Ministro e Rei; ora, o sábio, de cuja cabeça "saíam pensamentos que voavam à dos reis", "um desses raros talentos que só se admiram de séculos em séculos", verdadeiro pulsante "coração do mundo"; ora, mais modestamente, em fases de depressão, não de euforia, o cidadão sofredor de Porto Alegre, onde então vivia, interditado juridicamente, submetido a vexatórios exames psiquiátricos no Rio Grande do Sul e no Rio de Janeiro, separado da esposa e dos filhos, perseguido segundo pensa pelas autoridades menores – as maiores não são postas em causa –, ao mesmo tempo abastado (por seus bens) e pobre (por não poder desfrutá-los livremente).

Este homem solitário, tido como maníaco, se não como louco de hospício, solicitado pelo sexo, uma de suas obsessões, nem inteiramente são nem inteiramente enfermo, apto para a vida prática mas pensando de través, escreve não só para dar vazão a uma "ingrata e nojenta imaginação" (palavras suas), como para se vingar dos desafetos e supostos inimigos, obrigando-os a reconhecer através da ficção a sua sonhada grandeza. Libertado pela pena de uma sociedade que lhe fora adversa, não lhe custa tanto quanto aos outros transgredir as normas da boa moral e da boa educação, referindo-se com menos eufemismo do que o habitual às partes defesas e às funções do corpo, discutindo em cena "as relações naturais" (título de uma peça sua), as que unem sexualmente um homem e uma mulher, sejam ou não casados, e até as relações não tão naturais, as do homossexualismo, glosadas por ele de passagem e em tom cômico (como se fazia na vida diária, nunca na literatura).

Não incluiríamos esse verdadeiro fluxo verbal, imaginado mais para o papel do que para o palco, que combina o consciente e o inconsciente, o voluntário e o fortuito, curioso e talvez revelador enquanto tal, esse teatro antes absurdo que do absurdo, em nenhuma corrente artística definida, por lhe faltar para tanto intuito estético, percepção clara do que se está fazendo e do que se pretende fazer, necessários à obra de arte inclusive quando ela se abre ao irracional. Que há de comum entre um dramaturgo tão articulado pela palavra como Ionesco, ou tão medido como Beckett, e este escritor que só o foi (ao menos sob a forma que o conhecemos) por um acidente mental? Aproximá-los, devido a encontros ocasionais, não será repetir, em sentido inverso, o equívoco da opinião pública brasileira em relação aos nossos primeiros modernistas, quando se confundiu repúdio ao realismo literário com loucura?

Assim não pensam, contudo, os mais fervorosos admiradores de Qorpo-Santo. Guilhermino César, a quem cabe o mérito da descoberta, chegou a escrever: "Embora não merecesse a imediata compreensão dos críticos, parece-nos que a importância de sua obra, precursora do teatro de Ionesco, de Ghelderode, de Jarry, de Vian, será um dia unanimemente reconhecida"[70]. Que assim seja, para maior glória de nossas letras, se assim possível for.

Bem diverso é o caso de Nelson Rodrigues, igualmente beneficiado pela voga do absurdo. *Dorotéia*, a mais irresponsável de suas duas "farsas irresponsáveis" (a outra é *Viúva, porém Honesta*, sátira pouco engraçada sobre os críticos teatrais cariocas que iam surgindo), rompera de vez com a verossimilhança cênica, já abalada desde *Vestido de Noiva*. Uma de suas personagens, Maria das Dores, nascida morta aos cinco meses, continua viva porque ninguém lhe comunicara o fato, crescendo normalmente e até ajudando "nos pequenos ser-

---

70. QORPO-SANTO, *Teatro Completo*, Rio, Serviço Nacional de Teatro, 1980. Prefácio de Guilhermino César, sem numeração de página. As demais citações encontram-se no mesmo volume, pp. 111, 110 e 67. Ainda sobre Qorpo-Santo, com enfoques diversos do nosso: FLÁVIO AGUIAR, *Os Homens Precários*, Porto Alegre, Instituto Estadual do Livro, 1975; EUDINYR FRAGA, *Qorpo-Santo: Surrealismo ou Absurdo?*, São Paulo, Perspectiva, 1988.

viços da casa". Posta a par da situação num momento de crise doméstica, recolhe-se de novo ao ventre materno. O noivo dela, Ernesto da Abadia, apresenta-se sob o formato de uma botina guardada dentro de uma caixa de sapatos, a quem a mãe, Dona Assunta, recomenda que não tome sereno e evite a friagem.

Essa mistura de extravagância e rotina caseira, mantida durante toda a peça, foi julgada provocação gratuita, quando não cabotinismo puro e simples, até que alguns anos depois (a encenação de *Dorotéia* é de 1950) Ionesco começou a metamorfosear homens em animais (*Rhinocéros*, de 1960) ou a fazê-los voar (*Le Piéton de l'Air*, de 1963). O que parecera antes tolice, na melhor das hipóteses, ou loucura mansa, na pior, passou a ser encarado como presciência histórica, sensibilidade para adivinhar de que lado o teatro moderno se expandiria. A dramaturgia do absurdo, ao criar no palco um espaço com leis próprias, diferentes das nossas, justificava em retrospecção os piores excessos imaginativos cometidos por Nelson Rodrigues, nessa e em outras peças. Estávamos perante um São João Batista, anunciador dos Messias que não tardariam a tomar conta do teatro, não de um fanático privado da razão.

Há muito de exato e de justo em tal reviravolta crítica. Mas não se deve esquecer que nem Nelson cabia exatamente nos limites metafísicos propostos por Martin Esslin (criador da expressão) para o "teatro do absurdo", nem *Dorotéia*, não obstante os seus muitos lances enigmáticos, deixa de conter um núcleo perfeitamente compreensível, desde que se decifre alguns símbolos básicos, como o do jarro (o jarro das abluções profissionais) para a prostituição de princípio do século.

Na verdade, "essa farsa irresponsável" retoma um dos temas mais caros ao seu autor: o confronto entre pureza e impureza, entendidas ambas à luz da sexualidade e levadas desta vez às últimas conseqüências. De um lado, o amor, em sua acepção espiritual mais pura, sem contaminações com a matéria; de outro, o sexo, rebaixando o homem à condição animal, fazendo-o chafurdar (pecaminosa e gostosamente) na torpeza. De um lado, na peça, as três tias, viúvas ou solteironas, tentando não dormir para eliminar toda possibilidade de sonhos eróticos, pondo entre parênteses o corpo masculino, não o enxergando literalmente – e daí a importância da botina, que permanece visível e cujo desabotoar anuncia a próxima e iminente retirada da calça por parte do homem. De outro lado, Dorotéia, a pecadora da família, a prostituta, com a sua carga assumida de sexualidade, desejada pelos homens e invejada secretamente pelas mulheres (*Vestido de Noiva*, na figura emblemática de Mme Clessy, já dissera alguma coisa a esse respeito). O enredo, reduzido ao arquétipo moral, lembra o de *A Dama das Camélias* (também presente, por intermédio da *Traviata*, em *Vestido de Noiva*). A mulher perdida, conclui-se, pode reencontrar-se, reintegrar-se à sociedade, porém à custa do sofrimento físico (as chagas hediondas e regeneradoras que acometem Dorotéia), da renúncia à beleza e ao sexo. Em suma, da *Expiação*, título que José de Alencar deu ao drama que escreveu sobre esse mesmo tema. O puritanismo, exacerbado nesta "farsa irresponsável" até o irreal, para além do grotesco, revela-se, no desenlace, pelo que realmente é: horror à vida, atração mórbida pela morte.

No estreito mundo provinciano descrito por Nelson Rodrigues, às vezes decaído economicamente (*Os Sete Gatinhos*), às vezes obsoleto historicamente (*Toda Nudez Será Castigada*), a virgindade é o bem supremo da mulher, por ser anterior ao sexo, assim como a prostituição é o mal por excelência. Esses dois pólos da condição feminina, de resto, já haviam sido amplamente decantados pela poesia romântica, adquirindo, cada qual a seu modo, uma certa auréola, ou angélica ou demoníaca.

Nelson, como Buñuel, como Arrabal, livra-se eventualmente do peso da Igreja Católica, ou de seu lado repressor, através da blasfêmia (rara no brasileiro, freqüente nos dois espanhóis), recorrendo a ela, ao que tudo indica, para fugir à relação estabelecida com tanta freqüência pelo cristianismo entre corpo, sexo, pecado, punição e morte (esta também potencialmente voluptuosa, como no pacto entre amantes, no suicídio a dois, um dos motivos constantes de seu universo teatral).

Mas o autor de *Toda Nudez Será Castigada* (título que por si só representa todo um programa moral), se repele, compraz-se igualmente com essa atmosfera turva e ambígua, na qual o remorso significa um prazer furtivo a mais. O sexo, em seu teatro, atrai pelo que tem de escuso, menos por ser fruto do que por ser proibido, causando volúpias ignominiosas na consciência. O prazer, para ele, nunca é carnal, sempre é psicológico, envolto em culpa – aquilo que D. H. Lawrence denunciava como *sex in head*. A humilhação auto-infligida, em que o mais forte suplica ou ordena ao mais fraco que o chame, por exemplo, de "canalha", em tom cada vez mais forte, faz parte desses mecanismos sadomasoquistas.

A noção de incesto, como se sabe, varia de âmbito, restringe-se ou alarga-se conforme a sociedade. Se algumas das primeiras peças de Nelson Rodrigues, as que denominou "tragédias", colocam em cena o amor proibido entre pais e filhos, ou entre irmãos, muitos dos seus dramas posteriores, sem chegar até o incesto, aproximam-se desse ponto central de atração (e repulsão) o suficiente para conferir à relação sexual tonalidades claramente transgressoras: cunhados que se desejam de fato ou de pensamento; mulheres que disputam o mesmo homem não apesar de, mas pelo fato mesmo de serem irmãs; senhores maduros, entrando na velhice, que buscam consolação sexual em adolescentes beirando os quinze anos, meninas entre cínicas e inexperientes, a quem tratam com paternal carinho.

De qualquer maneira, seja qual for a classificação que se destine a peças como *Dorotéia*, o teatro da crueldade já tinha substituído a esta altura o teatro do absurdo na linha de frente de vanguarda nacional e internacional, propondo uma revolução estética a partir do espetáculo, não do texto literário. A iniciativa passava da mão dos autores para a dos encenadores, confirmando uma tendência que vinha do começo do século.

111

O Teatro Oficina, sediado em São Paulo e principal agente dessa transformação, apresentara-se a princípio como um continuador do Teatro de Arena e do Teatro Brasileiro de Comédia. Do primeiro, junto ao qual se iniciara no profissionalismo, recebera a preocupação política, o desejo de exprimir o país e o momento histórico, a intenção de não isolar o palco de seu contexto social. Do segundo herdara, ainda que sem o admitir, o empenho estético, o cuidado com o lado material do espetáculo, a preferência pelo repertório estrangeiro e a abertura do elenco a elementos vindos de fora. A fórmula, sintetizando o que de mais sensato ou de mais avançado se fizera até então, chegou ao ponto máximo de rendimento com a montagem de *Pequenos Burgueses*, drama que Máximo Gorki escrevera para a Rússia pré-revolucionária de 1902 e que se aplicaria, segundo se acreditou, também ao Brasil pré-revolucionário de 1963. A originalidade da encenação, tão perfeita que vários intérpretes foram trocados sem que o conjunto se ressentisse, atestava para o público e para a crítica, unidos no mesmo entusiasmo, que o teatro brasileiro atingira finalmente a sua maioridade, mostrando-se capaz de organizar só com recursos locais representações tão bem acabadas cenicamente e tão significativas ideologicamente quanto as melhores estrangeiras.

Mas o Oficina ainda não alcançara o apogeu. O seu papel realmente inovador data de 1967, quando José Celso Martinez Corrêa, mentor do grupo, encontrou "o aqui e agora" do teatro nacional, como escreveu na ocasião, numa farsa de 1933 – *O Rei da Vela*, de Oswald de Andrade.

Esse "aqui e agora" deve entender-se em vários níveis. Politicamente, quer dizer que na peça o marxismo não surgia apenas no âmbito nacional, enquanto luta de classes, ampliando-se ao confronto imperialista entre nações ricas, representadas no palco por Mister Jones, o Americano, e nações pobres, entre as quais figurava um país de economia arcaica e feudal como o Brasil. Socialmente, que a sexualidade era posta em questão de um modo cru, cínico, debochado, que feria a moral burguesa mais do que qualquer polêmica séria. E teatralmente, que o espírito paródico, corroendo por dentro o próprio texto, se não constituía bom teatro talvez fosse um ótimo exemplo desse antiteatro de que tanto se vinha falando ultimamente. Para uma nacionalidade que não caminhava no sentido de resolver os seus problemas, que tinha uma revolução de esquerda engasgada desde a década de trinta, nada melhor que a espinafração propugnada por Oswald: "A burguesia só produziu um teatro de classe. A apresentação da classe. Hoje evoluímos. Chegamos à espinafração"[71]. Ou como disse José Celso: "O Rei da Vela ficou sendo uma revolução de forma e conteúdo para exprimir uma não-revolução"[72].

O ufanismo, virado de cabeça para baixo, dava origem, no teatro, ao tropicalismo: a aceitação, alegre e selvagemente feita, do nosso subdesenvolvimento material, mental e artístico. Já que somos atrasados, vamos assumir sem inibições o nosso atraso. Já que temos algo de ridículo em nosso anacronismo histórico, sejamos os primeiros a rir de nós mesmos. Para a criação desse novo estilo nacional, Oswald dava a chave ao descrever o cenário do seu segundo ato: "Uma ilha tropical na baía do Rio de Janeiro. (...) Bebidas e gelos. Uma rede do Amazonas. Um rádio. Os personagens se vestem pela mais furiosa fantasia burguesa e equatorial. Morenas seminuas. Homens esportivos, hermafroditas, menopausas"[73]. Projetando-se sobre o tempo, ele parecia estar contemplando não a sua mas a nossa época. E fazia involuntariamente um comentário sobre a derrota de 64, mais feroz e contundente que os ataques desferidos pelo Teatro de Arena, porque criticava a burguesia, não a repressão militar, atingindo o âmago da questão.

---

71. O. ANDRADE, *O Rei da Vela*, São Paulo, Difusão Européia do Livro, 1967, p. 64.
72. J. C. MARTINEZ CORRÊA, "O Rei da Vela: Manifesto do Oficina", in O. ANDRADE, *O Rei da Vela*, São Paulo, Difusão Européia do Livro, 1967, p. 46.
73. O. ANDRADE, *O Rei da Vela*, São Paulo, Difusão Européia do Livro, 1967, p. 97.

Por outro lado, a técnica dramática propositadamente primitiva, o inacabado do texto, mais *sketch* que teatro, com o autor falando sempre por cima da cabeça das personagens, dava ao encenador uma latitude de movimentos que José Celso soube aproveitar. O seu trabalho não era mais o de interpretar o texto, contentando-se com essa função subsidiária, como até aquele instante se fizera, mas o de abrir asas à imaginação, criando um universo cênico que se animava no palco quase com vida própria, prolongando até o grotesco cada alusão – sobretudo as obscenas – que Oswald semeara generosamente em seu painel.

O teatro político, pensado em termos racionais, com um programa definido, e por isso mesmo estreito, cedia lugar a uma espécie diferente de revolta, que pretendia atingir o homem como indivíduo e não como ser comunitário, afastando-o de qualquer comodismo intelectual, de qualquer autocomplacência. Devia-se ousar tudo, explorar tudo, ir aos confins da razão, chegar ao desvario, à loucura, mesmo sob pena de não achar o caminho de volta. A droga, usada por Artaud, foi não raro o excitante de que se precisava para escapar à mornidão da normalidade.

Uma atitude que no passado havia sido de alguns poucos, de poetas malditos como Verlaine e Rimbaud, de pintores excluídos da sociedade como Gauguin e Van Gogh, tornava-se de repente moda para uma juventude que não admitia mais divisas entre a arte e revolta. Não caberia ao teatro promover a revolução. Ele mesmo é que tinha de ser um ato revolucionário. As barbas cresceram, os cabelos se emaranharam em protesto contra o artificialismo da civilização – já se tinha visto coisa semelhante no romantismo –, as roupas como que endoideceram, repudiando o recato burguês, indo de um desleixo às vezes cuidadosamente estudado até aquela furiosa "fantasia equatorial" antevista profeticamente por Oswald. Certas estréias desenrolavam-se, como espetáculo, em dois planos – no palco e na platéia.

Representar, após o Living Theatre, que permaneceu por longo tempo no Brasil, e após Grotowski, que conhecíamos de leitura, já não significava empostar a voz, cuidar da dicção, estudar o papel, apreender o sentido geral da peça. Constituía-se num modo de viver, numa estranha ascese pessoal e coletiva em que entravam como ingredientes a frugalidade, o desapego aos bens materiais, o erotismo, a volta à natureza, os tóxicos e laivos do misticismo oriental. No palco, o ator tentaria o êxtase, o desnudamento completo de sua personalidade, com o corpo desvestindo-se parcial ou totalmente para que pudesse comunicar tudo o que lhe fora interditado em séculos de pudor cristão e predominância artística da palavra. O texto, quando havia autor, quando o espetáculo não se improvisava lentamente em meses e mesmo anos de ensaio, não era considerado mais do que um pretexto para a criação a cargo do encenador, a única verdadeiramente importante. O público teria de abandonar a sua cômoda privacidade, integrando-se à representação, por bem, na melhor alternativa, ou por mal, através da agressão verbal ou de gestos, quando não estivesse disposto a desempenhar a sua parte. Quanto ao local desta cerimônia, que desejava reconduzir o teatro às suas origens ritualísticas e religiosas, não era necessariamente ou preferentemente a sala de espetáculos, em sua antiga disposição ou sob formato de arena. Qualquer lugar servia, desde que permitisse infinitas variantes nas relações entre atores e espectadores. À compartimentação da cena chamada à italiana, na qual palco e platéia se defrontavam enquanto sede de atividades distintas e complementares, uns agindo, outros contemplando, opunha-se o anseio por uma nova comunhão, por uma fusão por assim dizer integral de corpos e de espíritos.

Não se pode dizer que este ideal de um "teatro sagrado" – a expressão é de Peter Brook – se haja corporificado com freqüência nos palcos brasileiros. Permanecendo embora como um dos pontos de referência obrigatórios, reaparecendo volta e meia se não na totalidade do espetáculo ao menos em alguns de seus aspectos capitais, viu-se menos contestado que completado pela posição contrária, pela crença na força revolucionária da destrutividade, por aquilo que José Celso, em 1968, chamou de "teatro da crueldade brasileira – do absurdo brasileiro – teatro anárquico, grosso, cruel", "de rompimento com todas as grandes linhas do pensamento humanista", teatro "de provocação", não "de proselitismo", cuja "eficácia política" se mediria "pelo nível da agressividade"[74].

Dilacerado entre tendências opostas, entre a agressão e a comunhão, entre o político e o estético, entre a racionalidade brechtiana e o misticismo de Artaud, entre ciência e magia, o Oficina, emblema e guia de sua geração, viveu com a maior intensidade as contradições de um momento confuso e generoso, de negações violentas e esperanças desmedidas. Passou pela exaltação do espírito crítico de *Galileu Galilei*, retrocedeu ao Brecht próximo do niilismo de *Na Selva das Cidades*, até acabar percorrendo o Brasil, antes como seita que como companhia teatral, à busca de uma identificação que os seus integrantes já não conseguiam encontrar dentro de si mesmos. Por fim o grupo dissolveu-se, esfacelado, exausto, não se sentindo mais com força para executar a missão que se impusera, de renascer inteiramente diverso a cada novo espetáculo, sempre queimando as etapas anteriores, jamais aproveitando o impulso adquirido. O mito revolucionário da criação absoluta, *ex nihilo*, que servia de início a José Celso, terminou por se revelar pesado demais para os seus ombros.

O teatro da crueldade – denominação cômoda para designar várias experiências independentes porém aparentadas entre si –, concentrando-se sobre o homem, não sobre as condições econômicas e sociais, favoreceu a reaproximação com a Europa, a nossa grande fornecedora de teorias estéticas. Dois dos espetáculos mais celebrados de 1968-1969, ambos produzidos em São

---

74. "A Guinada de José Celso", entrevista a Tite de Lemos, *Revista Civilização Brasileira*, Caderno Especial 2, Rio, jul. 1968, pp. 118-119. Sobre o Oficina ver ARMANDO SÉRGIO DA SILVA, *Oficina: do Teatro ao Te-Ato*, São Paulo, Perspectiva, 1981.

Paulo pela atriz e empresária Ruth Escobar, ligavam-se não só a autores estrangeiros como a um diretor argentino radicado em Paris, Victor García. A sensação que causaram, de resto, não se explicava pelo texto ou pela qualidade dos desempenhos e sim por uma encenação excepcionalmente inventiva pelo lado plástico, que redimensionava com ousadia o espaço teatral. *Cemitério de Automóveis*, de Arrabal, desenrolava-se num imenso barracão, antiga garagem ou estacionamento, com numerosas áreas de representação disseminadas por entre os espectadores. *O Balcão*, de Jean Genet, realizado num verdadeiro teatro, erguia-se sobre a platéia, demolida para que sobre ela pudessem pairar os atores, dentro de uma espécie de plataforma ou gaiola presa ao teto por correntes. A cenografia confinava com a engenharia, e o público, instalado lateralmente, vinha mais para ver – e para se ver em tão singular disposição cênica – que para ouvir.

Os diretores nacionais não tardaram em assimilar a lição. *A Viagem*, texto de Carlos Queiroz Teles extraído dos *Lusíadas*, encenação de Celso Nunes, explorava o edifício teatral de alto a baixo, desde os porões até as saídas para a rua, carregando consigo, nesse passeio a pé e nessa peregrinação artística que acompanhava o desenvolvimento da saga camoniana, tanto o público quanto o elenco. Mas a melhor representação brasileira do gênero talvez tenha sido, paradoxalmente, um espetáculo carioca que se destacava menos pela originalidade da concepção que pelo altíssimo nível interpretativo: *O Arquiteto e O Imperador da Assíria*, também de Arrabal, com Rubens Corrêa e José Wilker nos dois únicos papéis, sob a inspiradíssima orientação de Ivan de Albuquerque.

O teatro da crueldade, para os encenadores, teve conseqüências bastante parecidas às do teatro do absurdo em relação aos autores. Se não baniu de todo o realismo de nossos palcos – e talvez precisemos de algum tipo de realismo, como país novo, na medida em que necessitamos nos conhecer –, instigou, em compensação, a fantasia poética, liberando o espetáculo de uma

117

verossimilhança compreendida muito ao pé da letra. Após o seu refluxo, verificou-se que algo havia mudado em definitivo. Já não se dirigia peça alguma, clássica ou moderna, mais próxima ou menos próxima da realidade social, de acordo com a mesma *praxis* e segundo os mesmos modelos teóricos. Se antes se apreciava a competência artesanal ou o possível impacto político, só se aceitava agora o desmedido, o obsceno, o grotesco, o blasfematório, o onírico, o surreal – a genialidade, em suma. Decifra-me ou devoro-te, propunha a velha esfinge tebana. Cria, usa toda a tua imaginação e toda a tua audácia, ou morre enquanto artista, era o novo desafio imposto aos homens de teatro.

Tanto o Arena quanto o Oficina, e seus seguidores naturalmente, sonharam a certo instante em romper os limites de sua profissão e de sua arte, colocando-as em contato direto com a vida. Num caso, passava-se à ação política, ao comício disfarçado e menos convincente, ao espetáculo que não ousava confessar em praça pública a sua natureza estética. No outro, entrava-se pelo terreno da investigação psicológica, da auto-análise, próxima mas não igual ao psicodrama, quando não se enveredava por um misticismo sem mitologia a não ser artística e por uma religião curiosamente profana (*Missa Leiga* chamou Francisco de Assis, não sem razão, a uma de suas peças). Sacrificava-se o lado interno do teatro, a sua consistência própria, sem se alcançar de fato e por inteiro o lado de fora.

É que ambas as soluções continham uma contradição em termos, manifestando a vontade de sair do espetáculo nele de algum modo permanecendo, de extrapolar fronteiras sem derrubá-las. Nem se acreditava nem se deixava de acreditar na autonomia da obra de arte. Ora, o teatro ocidental nasceu como simulação de alguma coisa que não acontece mas que se supõe acontecer. Édipo não fura os olhos, Hamlet não morre em cena. É esse, aliás, o sentido da palavra representação. Transformá-la em ação seria mudar-lhe a essência, negar-lhe os fundamentos históricos e filosóficos.

Daí as dificuldades enfrentadas pelos dois chefes de fila do período. José Celso, tendo examinado e rejeitado toda a estrutura do teatro, não pode obviamente voltar a uma atividade profissional comum. Enquanto busca, com inegável paixão, outras modalidades artísticas, semelhantes e diferentes do teatro, contenta-se com a descoberta de um nome: te-ato, ou seja, ao que parece, já que só a prática determinaria o vocábulo, um ato que te ataria – você, espectador – a ele. Augusto Boal, embora escrevendo ainda eventualmente peças, dedica-se de preferência a iniciativas como a do Teatro Invisível, no qual os atores, ao provocar um incidente na rua ou numa loja, sabem que estão representando um papel e um roteiro previamente combinados, ao passo que os circunstantes ignoram que estejam participando de uma cerimônia dramática. Brecht criticara o realismo por seu ilusionismo, por burlar os espectadores, dando-lhes a falsa impressão de realidade. Boal, partindo do brechtianismo, chega a um engano muito maior, quase a uma cilada. O seu teatro só é invisível para os outros, para os que não estão por dentro do segredo. Esse título, aliás, em seu duplo movimento de afirmação e negação, já diz tudo. Viva o teatro, desde que invisível[75].

Com o desaparecimento quase simultâneo do Teatro de Arena e do Teatro Oficina, ocorrido por volta de 1972, terminava um ciclo histórico. Durante três decênios, havíamos tido uma companhia-padrão, que encabeçava a vanguarda e pela qual se julgava tudo o que se fazia no momento. Primeiro, no Rio, Os Comediantes, Dulcina, Mme Morineau. Depois, em São Paulo, o TBC, o Arena, o Oficina. Em meados de setenta, abalado o consenso que fizera a força daquelas companhias, entrávamos numa fase de tateamento e indecisão. A verdade é que, depois de tanto ardor revolucionário, político e estético, tantas experiências apontando para as mais disparatadas direções, ninguém sabia ao certo qual deveria ser o próximo passo. O teatro renovara-se

---

75. Sobre o Teatro Invisível (e o Teatro Foro): A. BOAL, *Stop, C'est Magique!*, Rio, Civilização Brasileira, 1980, pp. 81-162.

brutalmente mas à custa de perder o seu ponto de equilíbrio.

Externamente, a pressão da censura tornara-se asfixiante. Logo após 1964, a comunidade teatral conhecera um período de inesperada euforia, imaginando que poderia desempenhar uma importante função como centro de oposição ao regime. Calada a imprensa liberal e de esquerda, atemorizados os partidos, abolidos os comícios e a propaganda política, as salas de espetáculo eram dos poucos lugares onde ainda era lícito a uma centena de pessoas se encontrarem e manifestarem a sua opinião, guardadas certas precauções. A própria necessidade de falar indiretamente, em linguagem semicifrada, criava uma exaltante sensação de cumplicidade, de perigoso desafio aos poderes constituídos. Bastava uma referência dos atores à liberdade – essa famosa liberdade formal democrática a que não se dava valor enquanto ela existia – para despertar no público uma onda de entusiasmo patriótico. Tiradentes passou a ser um símbolo malvisto pelo governo e uma simples canção como *Carcará*, cantada por Maria Bethania com a energia de uma justiceira e implacável ave de rapina – "pega, mata e come!" –, assumia ares de inflamado hino revolucionário. Mas o que 1964 permitira, talvez como necessária e no fundo inofensiva válvula de escape, 1968 acabara por sufocar. Alguns escritores viram-se forçados a se expatriar – Augusto Boal, Ferreira Gullar –, outros permaneceram na brecha, Guarnieri, Vianinha, Dias Gomes, o João das Neves de *O Último Carro*, mas valendo-se crescentemente da metáfora e do discurso alusivo.

Mais fortes do que esse fator externo eram os internos, atuantes a nível internacional. A revolução do teatro, extremamente eficaz no destruir, não se mostrava tão segura na parte construtiva. O público burguês, o único que possuíamos, agredido com freqüência e às vezes só por ser público, começava a se afastar. O encenador, tomando o lugar do autor, nem sempre correspondia à expectativa, limitando-se a substituir uma má peça por uma má não-peça. A expressão corporal não se articulava com a nitidez e a extensão da palavra, expulsando do palco uma quantidade enorme de assuntos. E as salas improvisadas apenas por exceção tinham a indispensável comodidade, servindo para espetáculos isolados, merecedores de todos os sacrifícios por parte do público, não para uma freqüência contínua.

Na base de muitos desses desacertos escondia-se uma contradição mais profunda. Durante séculos, desde a falência do mecenato, o teatro aceitara submeter-se às leis do mercado, funcionando em dois planos, o comercial e o artístico. Até mesmo os movimentos de vanguarda – metáfora militar surgida para a arte em fins do século XIX – podiam ser interpretados como mecanismos através dos quais novas idéias e novos contingentes se incorporavam, com o correr do tempo, ao grosso da tropa.

Pois era essa realidade histórica que a teoria do "teatro sagrado" vinha subitamente pôr em xeque, dando origem a problemas incontornáveis. Se o espetáculo é realmente um ritual místico, em que os atores atuam como sacerdotes e os espectadores comparecem na qualidade de iniciados ou iniciantes – quem é que paga a conta? Como, em tais circunstâncias, manter a bilheteria, a publicidade, a troca constante de repertório, a máquina administrativa, todo o esquema empresarial inventado pelo teatro para ter meios de subsistir não só como arte mas também como profissão inscrita nos quadros do mundo capitalista moderno?

Se há resposta a estas inquietantes perguntas, não foram as companhias brasileiras que a souberam dar.

5.

Ao lado da evolução acima esboçada, tendo com ela relações de boa vizinhança e de eventual troca de influências, situa-se uma linhagem autoral independente e na verdade bem mais antiga: a da comédia só comprometida com a realidade brasileira e consigo mesma. Escritores com Millôr Fernandes e João Bethencourt, ambos cariocas e ambos vindos da década de quarenta, passaram por todos esses anos de turbulência sem se amarrarem a companhias, escolas ou programas.

Millôr Fernandes, com uma visão crítica mais ampla e um talento menos específico para o teatro, retoma a comédia quase exatamente onde Silveira Sampaio a deixou. Uma de suas últimas peças, *É...*, interpretada com muita graça pelo casal Fernanda Montenegro-Fernando Torres, coloca-nos, a partir do título, em face da dificuldade que temos todos nós, no palco ou na platéia, em estabelecer quais são precisamente os limites toleráveis da permissividade feminina (a masculina sempre existiu em terras de Santa Cruz). As constantes reacomodações entre o que se fazia e se dizia em épocas não tão remotas e o que se faz e se diz hoje em dia abre-lhe um amplo campo de situações equívocas, não regulamentadas pela sociedade e, portanto, potencialmente cômicas. Como deve proceder, por exemplo, uma mulher de quarenta e cinco anos, até então bem casada e de conduta exemplar, perante um divórcio que ela não desejou e uma liberdade sexual que não sabe desfrutar com naturalidade? Até que ponto os senhores de certa idade e as senhoras de idade incerta têm a obrigação de se submeter a regras estipuladas – e mal estipuladas – pela e para a juventude? Será que a única resposta possível às incertezas do presente consiste num dubitativo e desalentado *É...*?

Outro fio solto do tecido social refere-se ao homossexualismo. De que modo encará-lo, depois que ele ingressou, confusa e reticentemente, nos hábitos das grandes cidades brasileiras? Sinal de progresso ou de decadência? Motivo de drama ou de comédia? *Greta Garbo, Quem Diria, Acabou no Irajá*, de Fernando Melo, sem responder evidentemente a tais questões, explora, talvez com mais verve que suas competidoras nacionais, esse filão recém-descoberto, opondo um adolescente provinciano (o indispensável elemento de contraste) a um senhor que tenta ser tão espirituoso quanto Oscar Wilde, quando não se imagina, nos momentos de maior desvario erótico, uma Greta Garbo, infelizmente desconhecida e suburbana. É a nossa modesta porém apreciável contribuição para um dos temas mais em voga no teatro universal.

João Bethencourt, o comediógrafo de maior bilheteria de nossos palcos, provavelmente o único que vive só do teatro, como autor ou como tradutor e encenador de peças de *boulevard*, é um caso à parte. Mais interessado no indivíduo que na sociedade, acreditando antes na eficácia do enredo que nas facilidades proporcionadas pela liberdade formal moderna, inscreve-se mais do que qualquer outro escritor brasileiro nas linhas clássicas da comédia ocidental, quer na escolha dos assuntos, não necessariamente locais (*O Dia em que Raptaram o Papa* passa-se em Nova York), quer nos recursos de que lança mão – contraste de personalidades, efeitos de ritmo (o "crescendo" cômico), expectativa sobre o que poderá vir a acontecer a seguir, reviravolta de situações etc.

A diferença entre a comicidade atual e a do passado está freqüentemente mais na forma que no fundo. O que fazia rir por ficar nas entrelinhas, tendo de ser decifrado pela malícia sempre alerta do público, agora é engraçado muitas vezes pelo motivo oposto, por ser dito cruamente, com todas as letras, inclusive, claro está, as que formam os palavrões. O linguajar até há pouco reservado aos homens e às conversas privadas passou de repente a ser reivindicado pelas mulheres, caindo em domínio público. Admira-se não a finura mas a grossura, por seu efeito de choque, pela violência com que agride os antigos códigos sociais.

A comédia paulista, não sendo mais puritana que a carioca, longe disso, colore-se não raro de uma tonalidade menos lúdica, menos fantasiosa, menos liberta das contingências econômicas. É o que sucede, notadamente, com as peças de Maria Adelaide Amaral (*Bodas de Papel*, *Arquivo Morto*), de teor já bem mais realista e que disfarçam sob uma ligeira mas efetiva capa de comicidade uma crítica vigorosa à chamada sociedade de consumo.

Outros escritores, Domingos de Oliveira no Rio, Naum Alves de Souza em São Paulo, não obstante os êxitos já obtidos, parecem ainda em evolução, ainda à procura de um estilo próprio, o primeiro caminhando do lirismo irônico para formas mais dramáticas e menos desligadas da vida diária, o segundo elaborando com técnica cada vez mais firme a matéria um tanto imponderável dos sonhos infantis e das reminiscências escolares.

Não fazia e não faz parte de nossas intenções falar do teatro infantil, nesta síntese que se pretende menos história fatual que interpretação de tendências. Mesmo assim, não poderíamos calar a atuação de um grupo amador carioca que, mantendo-se um tanto à margem do desenvolvimento dramático tal como o sugerimos aqui, nunca cessou de realimentar o nosso melhor profissionalismo, com a formação não só de atores mas igualmente de cenógrafos, diretores, figurinistas (Kalma Murtinho) e até mesmo críticos (de suas fileiras saiu Yan Michalski). O Tablado, fundado em 1951, vem desempenhando desde então um tríplice papel: como centro de irradiação intelectual, através da revista *Cadernos de Teatro*; como escola, mediante cursos práticos e a montagem de autores clássicos e modernos, desde Shakespeare, Molière e Goldoni até Ghelderode, Camus e Arrabal; e acima de tudo, como criador do teatro infantil moderno no Brasil, gênero dos mais prósperos entre nós. Maria Clara Machado, a sua fundadora e diretora, foi das primeiras, ao lado de Lúcia Benedetti, a pedir que as peças para as crianças (de que *Pluft, o Fantasminha*, de sua autoria, foi durante anos o mais feliz modelo, se não o é ainda) tivessem a mesma qualidade literária e cênica dos espetáculos para adultos. Se há, de resto, uma característica que marca O Tablado, conferindo unidade às suas diversas atividades, é a fidelidade ao texto poético — e desse ponto de vista a diferença entre teatro infantil e teatro adulto tende a desaparecer. Para além das restrições nascidas da maior ou menor capacidade de entendimento, encontra-se ou pode encontrar-se em ambos a mesma crença na força criadora da imaginação, capaz de abolir ocasionalmente as fronteiras entre o verossímil e o inverossímil. Abaixo a realidade, viva a fantasia – bem poderia ser o lema do *Tablado*[76].

Encerradas estas digressões, destinadas a sanar algumas lacunas e a reintegrar um pouco do muito que fora excluído pelo ângulo de observação adotado, estamos aptos a enfrentar a nossa conclusão.

6.

Se não nos enganamos, as últimas décadas ainda não se desvencilharam da sombra projetada pelos três decênios que vão de 1940 a 1970, tãos vivos, tão dinâmicos, de tantas e tão rápidas conquistas. O presente permanece preso ao passado, voltando-se nostalgicamente sobretudo para 1968, essa data mágica, essa espécie de orgasmo juvenil e coletivo, esse clímax histórico em que tudo se fez e se desfez. Uma pergunta continua a nos atormentar. O que sucedeu, quando e onde se rompeu o fio da meada, por que o nosso caminhar de um momento para outro se desorientou, não possibilitando que os anos mais próximos marcassem um avanço teatral tão decisivo quanto os anteriores? Na verdade, ainda não nos reencontramos, ainda não saímos da encruzilhada, nem sequer liquidamos a herança deixada pelo TBC, pelo Arena e pelo Oficina, se tomarmos essas companhias, como vimos fazendo, menos como entidades do que como símbolos de três épocas e três atitudes perante o teatro.

O espírito do TBC parece sobreviver no que os mais jovens costumam chamar com uma ponta de ironia ou indiferença de teatrão – o teatro resolutamente empresarial, as peças bem feitas, não importa se nacionais ou estrangeiras, os espetáculos ricos e caprichados. Nem eles desapareceram de nossos palcos, nem decaíram artisticamente, nem perderam o prestígio junto ao público. Há diferenças, no entanto. Outro é o sistema de produção, desde o desaparecimento das companhias es-

---

76. Sobre O Tablado: *Dionysos*, n. 27, Rio, Instituto Nacional de Artes Cênicas, 1986.

táveis. Cada espetáculo é uma unidade isolada, resultado da reunião mais ou menos provisória de pessoas – empresário, autor, diretor, cenógrafo, atores – cujo compromisso não ultrapassa o termo das representações. Esse constante reagrupar-se, se assegura uma exata distribuição de papéis, não havendo no elenco ninguém contratado de antemão, impede o desenvolvimento de qualquer programa o longo prazo. Ora, a formação de um estilo e de uma personalidade própria, é que, caracterizando cada companhia, dava, ao se passar de uma para outra, a sensação imediata de progresso. Sem contar que a boa qualidade profissional já não provoca surpresa ou admiração nesta fase em que todos os setores da vida cultural brasileira vão-se livrando do ranço amadorístico. Realizações que seriam saudadas entusiasticamente não há muito tempo, quando representavam no mínimo a consolidação de territórios pouco explorados, ou são aceitas hoje em dia com naturalidade, nada mais do que isso, ou despertam uma ligeira reação de tédio, em face do *déjà vu* (expressão que entrou com força devastadora no vocabulário crítico nacional). O teatro, para justificar a sua existência, não pode ficar ao nível da televisão, mesmo da melhor.

A dramaturgia política, descendente longínqua do Teatro de Arena, foi a que mais e a que menos sofreu com a censura. Durante a repressão, retraiu-se para sobreviver, limitando-se a ocupar todo o pequeno espaço que lhe era consentido. Mas ao recuperar a palavra, com a abertura de 1980, ressurgiu quase intata em seus métodos e objetivos, apoiada que estava sobre a base sólida fornecida pelo marxismo. Se mesmo antes havia persistido em valorizar o verso e até a estrutura trágica grega, em peças como *Gota d'Água*, versão moderna de *Medéia* feita por Chico Buarque de Holanda e Paulo Pontes (1940-1976), mais motivos teria para não abandonar o único instrumental – a palavra – adequado à sua temática. Muitos escritores, assim que puderam ver os seus textos encenados, passaram a fazer o processo de 1964, revivendo no palco a odisséia dos exilados (*Murro em Ponta de Faca*, de Augusto Boal), encarando os dramas de consciência dos militantes de esquerda que se acovardaram (*Sinal de Vida*, de Lauro César Muniz), ou retomando a gravíssima questão da tortura oficializada ou semi-oficializada (*A Patética*, de João Ribeiro Chaves Neto, *Milagre na Cela*, de Jorge Andrade), já focalizada de modo transparentemente alegórico no período de maior arrocho censório (*Ponto de Partida*, de Gianfrancesco Guarnieri).

A peça mais inovadora desta safra dramatúrgica, contudo, refere-se às perplexidades do presente, não aos erros ou crimes do passado. *Rasga Coração* não reabre o debate já um tanto exaurido dramaticamente entre esquerda e direita, liberdade e ditadura, direitos humanos e repressão policial. O conflito armado por Oduvaldo Vianna Filho em 1974, nas vésperas de morrer, aos trinta e oito anos, o que torna o seu drama ainda mais pungente, trava-se no bojo da própria esquerda, dentro da mesma família.

O tema do desentendimento entre pai e filho, lançado no pós-guerra por *A Morte do Caixeiro-Viajante*, de Arthur Miller, repercutiu fundo nos jovens dramaturgos brasileiros de então, devido a suas conotações ao mesmo tempo psicológicas e sociais. As primeiras peças encenadas profissionalmente tanto de Jorge Andrade (*A Moratória*) quanto de Gianfrancesco Guarnieri (*Eles Não Usam Black-Tie*) não tinham outro ponto de partida, sem por isso abdicar de sua originalidade e de suas raízes nacionais.

Vianinha retoma o mesmo esquema básico, de confronto entre duas pessoas e também entre dois períodos e duas mentalidades (três, de fato, em *Rasga Coração*, já que o avô comparece em cena). A ação central opõe o pai, dedicado e modesto militante comunista, que leva uma vida anódina enquanto sonha com a grande explosão revolucionária futura, infelizmente sempre adiada, e o filho, produto da rebeldia de 1968, que deseja se modificar antes de modificar os outros, acreditando que as transformações advirão não de doutrinas abstratas mas da prática diária de novas formas de viver e conviver. A revolução terá de ser imediata, tocando a totalidade da personalidade humana, corpo e espírito, sexo e sentimento, pensamento e ação, sem que a sociedade se intrometa indevidamente na concepção de felicidade de cada um. É a idéia do *Paradise Now*, do paraíso instantâneo e agradavelmente anárquico prometido pelo espetáculo do Living Theatre, a preocupação com "o aqui e o agora", tão característica das gerações seguintes a 1968.

Vianinha está do lado do pai, como Guarnieri já estivera em *Eles Não Usam Black-Tie*, isto é, com o revolucionário de cunho marxista tradicional. É o que ele diz no Prefácio da peça, dirimindo possíveis dúvidas:

> Em primeiro lugar, *Rasga Coração* é uma homenagem ao lutador anônimo político, aos campeões das lutas populares: preito de gratidão à *Velha Guarda*, à geração que me antecedeu, que foi a que politizou em profundidade a consciência do país. (...) Em segundo lugar, quis fazer uma peça que estudasse as diferenças que existem entre o *novo* e o *revolucionário*. O *revolucionário* nem sempre é novo absolutamente e o novo nem sempre é revolucionário[77].

Mas, enquanto dramaturgo, dá ao filho, na seqüência das falas, razões suficientes para equilibrar os pratos da balança.

Rasga Coração, por seu recorte de fundo ainda realista, por apoiar-se sobre mais de uma época (como *A Moratória*), prende-se, pela armação do enredo e pelo conteúdo ideológico, ao jato criador brotado em palcos do Brasil pouco antes e pouco depois de 1960. Encenada por José Renato (a exemplo mais uma vez de *Eles Não Usam Black-Tie*), não forçaríamos muito o sentido da história se a considerássemos a derradeira produção, embora póstuma, do Teatro de Arena. Os tempos é que são outros, possivelmente pós-marxistas, não pré-marxistas. A surpresa mais amarga do pai, aquela que verdadeiramente "rasga o coração" (título inspirado por canção de Catulo da Paixão Cearense), é descobrir que o filho condena por antiquada e inócua a sua velha e querida vanguarda política.

77. O. VIANNA FILHO, *Rasga Coração*, Rio, Serviço Nacional de Teatro, 1980, p. 13.

À liberalização da censura, forçoso é reconhecer, não correspondeu o esperado fluxo inventivo, talvez porque o teatro político também tenha os seus impasses interiores. Demasiado preso à racionalidade enquanto técnica, não pôde aproveitar o jorro do inconsciente que a vaga neo-surrealista lançou no palco, sob a forma de imagens oníricas, sensações, metáforas, associação livre de idéias. E como assunto depende de um fluir histórico, de um desenrolar de fatos e conceitos, que não pertencem à esfera artística. Conforme for o destino da esquerda, assim será o seu.

Quanto ao legado do Teatro Oficina, parece exercer-se ele indiretamente, não tanto pela imitação de certos cacoetes de encenação, embora estes ainda persistam, como pela determinação de opor-se ao esquema empresarial, a que mesmo a dramaturgia política nem sempre escapa. É o teatro que se declara independente ou alternativo, firmando já nesses rótulos o intuito de se contrapor ao chamado teatrão em seu ponto central – o sistema de produção. Em vez do desmembramento de funções de qualquer empresa comercial bem organizada, estes conjuntos propõem-se a criar coletivamente, durante os ensaios, ao sabor das improvisações de cada intérprete. Texto e espetáculo nascem assim lado a lado, produtos do mesmo impulso gerador, enunciando não experiências ou emoções alheias, mas vivências específicas do grupo. O encenador, em tal caso, é menos mestre que agente catalítico, nada impedindo que seja auxiliado por um escritor, desde que este renuncie a seus antigos privilégios, aceitando trabalhar em equipe e para a equipe.

Devem-se ao teatro alternativo algumas das mais originais representações dos últimos anos. Foi assim, por exemplo, que o grupo Asdrúbal Trouxe o Trombone – nome provocantemente gratuito – retratou no palco, em *Trate-me Leão*, as vicissitudes cômicas e dramáticas de certa juventude das praias cariocas, como foi assim que o Pessoal do Victor – outro nome um tanto aleatório –, guiado na parte textual por Carlos Alberto Soffredini e na cênica por Paulo Betti, evocou, em *Na Carrera do*

Divino, os estertores de uma cultura em agonia, fadada a só subsistir na falsa música popular – a cultura caipira paulista. Não falta no haver desta tendência nem mesmo uma obra-prima, a transcrição para o palco, feita por Jacques Thiériot e Antunes Filho, do *Macunaíma*, de Mário de Andrade.

Poderíamos, quem sabe, enxergar na criação coletiva uma saída para o teatro, se o interminável período de maturação de tais espetáculos não os tornasse dificilmente compatíveis com as realidades econômicas modernas. Ou os atores se sujeitam, nos longos meses preparatórios, a salários mínimos, só suportáveis para principiantes, e então o elenco corre o risco de não passar de uma ponte introduzida entre o amadorismo e o profissionalismo, dissolvendo-se no momento em que alcança sucesso, ou todo o projeto se coloca sob a proteção do Estado, perdendo o direito de intitular-se alternativo. Um espetáculo pode realizar o milagre de ser subsidiado e independente, não uma companhia que pela continuidade do amparo governamental aos poucos se estatiza e se oficializa.

Entre os novíssimos, cuja figura exponencial por enquanto talvez seja Hamilton Vaz Pereira, principal inspirador de *Trate-me Leão*, transparece às vezes o desejo de sair do relativo comedimento da comédia para a loucura total da farsa. Esse humor desabrido, extravagante, em que são mestres os atores Marco Nanini e Regina Casé, que não teme abusar da caricatura e da paródia, que não poupa a pudicícia, se corresponde a certo gosto moderno pelo grotesco, nem por isso deixa de se reportar eventualmente a antecessores ilustres, alegando o seu parentesco com o *cabaret* literário europeu, que se começa a descobrir, ou com o nosso antigo teatro de revista, ora em processo de mitificação, encarado como algo saborosamente popular e mal comportado que seria preciso recuperar para vitalizar o palco brasileiro.

A valorização da vulgaridade, desde que expressiva estética ou socialmente, como acontece nos contos de Dalton Trevisan e Rubem Fonseca, trouxe de volta o nome de Nelson Rodrigues, um tanto obscurecido após

1964 por seu apoio ostensivo aos governos militares no auge da repressão política. Mas o que se distingue nele em 1980 já não é tanto o trágico de envergadura grega celebrado na década de quarenta, nem o percursor do teatro do absurdo. Ressalta-se, de preferência, o iconoclasta da moral burguesa (somente no que se refere ao sexo) e, mais ainda, o retratista impiedoso de uma realidade tanto mais nacional por ser arraigadamente carioca e suburbana. Elogiado a princípio pela grandeza universal de seus mitos poéticos, acabou por ser admirado – ao menos provisoriamente – pelas razões opostas, por estar tão colado, através de uma quase imperceptível camada de ironia, a um Brasil feio, sofrido e pobre.

Tal mudança de perspectiva crítica origina-se de uma modificação no próprio teor de sua obra, que foi abandonando os grandes conflitos existenciais, como os do incesto, ocorridos no interior de famílias patriarcais postas pelo dinheiro acima da moral corrente, para dar preferência dramática a uma humanidade menor, não só economicamente como na extensão de suas pequenas misérias morais. Em conseqüência, o irrealismo do absurdo e a estilização da tragédia, sem desaparecer de todo, tingiram-se de realismo, no sentido de se aproximar da existência cotidiana da classe média e, sobretudo, da classe média baixa do Rio de Janeiro. Se esta última não se confunde nunca com o proletariado, não é por superioridade de rendimentos, que são mínimos e precários, mas apenas pela gradação estabelecida idealmente pela sociedade. O que significa na prática, para os seus integrantes, uma luta dupla, primeiro pela subsistência (item de nenhum interesse teatral para Nelson), e, depois, pela manutenção deste frágil *status*.

Duas cerimônias públicas, de que participam os vizinhos direta ou indiretamente, na qualidade de convidados ou de testemunhas oculares, delineiam o lugar ocupado pela família nessa hierarquia mais imaginária do que real: o casamento com véu e grinalda (e por isso importa tanto a virgindade feminina, para que a festa não se transforme para os outros em motivo de zombaria) e o enterro, se possível de primeira classe. Perante a

131

morte e o amor oficializados até os pobres fazem questão de afirmar os seus foros aristocráticos, embora decaídos. A possibilidade de humilhação em ponto tão sensível qual seja o social nunca está afastada: em duas peças, *Os Sete Gatinhos* e *Bonitinha mas Ordinária* a palavra "contínuo!" é lançada ao rosto de alguém como a pior ofensa.

Se o futebol é a principal diversão masculina, acima até do bilhar, todos, homens e mulheres, comungam na mesma veneração pela figura já mítica do bicheiro, milionário de origem e costumes populares, fabuloso distribuidor de riqueza, quer por intermédio do jogo (a única oportunidade de enriquecimento repentino), quer através de dádivas em dinheiro, da concessão de favores pessoais, de inesperados atos de generosidade que, em tal nível, só ele se permite.

Quando pensamos no teatro de Nelson como um todo, não são personagens de exceção ou enredos bem elaborados que nos vêm à mente. O individual como que desaparece em face do coletivo. Destaca-se em nossa memória, antes de mais nada, a imensa e repetitiva comparsaria de que ele se serve para emoldurar os seus protagonistas, criando uma obsessiva e inconfundível atmosfera dramática, a verdadeira marca do autor. Há de tudo nesse corte vertical e sintético imposto à sociedade: grã-finos (viciosos, à cata de sensações, contemplando as pessoas do povo como se fossem bichos estranhos); banqueiros (prepotentes, ciosos de sua força, sempre prontos a recalcar pela palavra amigos e parentes); tias velhas (empedernidas defensoras da moralidade sexual, perdidas no tempo); médicos (incompetentes, indiferentes à doença e à morte, maníacos que chegam por vezes à completa insanidade mental); policiais (violentos, sádicos, corruptos); jornalistas (venais, inventores e manipuladores da opinião pública, preocupados unicamente com a vendagem das folhas que dirigem); loucos (ausentes, imperscrutáveis, refugiados numa frase, num gesto mecânico, livres finalmente do presente e de julgamentos morais).

É nesse quadro cruel, com subtons cômicos, que Nelson Rodrigues inscreve as suas "tragédias cariocas" ou "tragédias de costumes". O enredo constrói-se sobre falsas pistas e reviravoltas surpreendentes, dentro daquela "estética do espanto" que Peter Brook descobriu no melodrama[78]. Ninguém é com certeza o que aparenta ser, podendo verificar-se a qualquer momento inversões que lançam nova luz sobre o presente ou sobre partes obscuras do passado. O homossexual não é quem todos pensam, o pai ama não a filha mas o genro (*Beijo no Asfalto*). A virgem oficial da família mata no nascedouro sete inocentes gatinhos porque está grávida e, por falar nisso, quem escreve palavrões nas paredes da privada é a sua velha mãe (*Os Sete Gatinhos*). O viúvo castíssimo apaixona-se pela prostituta, o rapaz estuprado na prisão viaja para o exterior em companhia do ladrão boliviano que o violentou (*Toda Nudez Será Castigada*). A irmã e filha exemplar vive na verdade da prostituição, enquanto a moça milionária foi quem arquitetou a curra bestial de que se diz vítima (*Bonitinha mas Ordinária*).

A ação se desenrola através de breves e fortes pinceladas, à maneira expressionista, atendo-se ao essencial, concentrando-se ao máximo, não perdendo tempo com análises psicológicas ou sociais (ambos os planos permanecem implícitos). O que se quer é chegar rapidamente ao desenlace, passando por uma série de confrontações altamente carregadas de amor ou de ódio, ou de ambos, que se vão desdobrando até o fim em soluções imprevistas. Nada mais resta, em algumas peças, da antiga técnica teatral que fazia explodir no último ato as contradições expostas no primeiro. O desenvolvimento é linear, episódico, com ocasionais *flashbacks* destinados a refazer e a revigorar o enredo, não desejando a carpintaria mais do que contar, com personagens comuns e recursos teatrais comuns, uma história incomum.

---

78. P. BROOK, "Une esthétique de l'étonnement: le melodrame", *Poétique*, n. 14, 1974, pp. 340-356.

Se tudo é possível dentro desse universo pouco sujeito ao que os "idiotas da objetividade" (uma das expressões prediletas de Nelson Rodrigues) chamariam de princípio da causalidade, não deixa de pairar sobre as pessoas e os acontecimentos um curioso tipo de causação, entre psicológico e mágico. É assim que o ciúme doentio do marido engendra a infidelidade da esposa (*A Mulher Sem Pecado, Perdoa-me Por Me Traíres*) e o medo obsessivo da doença conduz efetivamente à morte (*A Falecida*). O pensamento parece cristalizar-se, materializar-se, de acordo com os temores populares, que não tocam em nomes de moléstias perigosas e esconjuram ("vira essa boca prá lá") qualquer possibilidade de que a má palavra se transforme em coisa má. É grande, aliás, o papel desempenhado nas peças pelo falatório dos vizinhos e pelas flutuações da opinião pública, condenando os inocentes (*Beijo no Asfalto*) ou gerando imagens divergentes do mesmo indivíduo (*Boca de Ouro*). O mito e o imaginário como que permeiam a vida real, possibilitando que se concretizem e se realizem tanto as previsões de uma cartomante profissional interessada apenas no dinheiro da consulta (*A Falecida*), quanto as revelações de um centro de baixo espiritismo sobre o culpado pelas desgraças que infelicitam uma família (*Os Sete Gatinhos*). A superstição suburbana substituiu, para todos os efeitos, o destino trágico grego.

Não é fácil, em casos extremos, próximos a um só tempo da farsa e do melodrama, dois gêneros sobre os quais Nelson se apóia com freqüência, como notou Ronaldo Lima Lins[79], discernir o que cabe às personagens e o que pertence ao autor, porque os dois pontos de vista aparecem mesclados, como se a peça tivesse sido concebida em parte pelos próprios protagonistas. A fusão entre a matéria dramática e a escrita cênica dá-se de modo tão completo que não se pode dizer onde termina a compaixão e onde começa o sarcasmo, o que é autên-

---

79. R. LIMA LINS, *O Teatro de Nelson Rodrigues*, Rio, Francisco Alves, 1979, p. 73.

tico sentimento popular e o que já surge como paródia, *kitsch* intencional.

Tal ambigüidade, às vezes de tom e quase sempre de conteúdo, se não representa qualquer falha artística, impede que, esgotado o ciclo de peças de Nelson Rodrigues, dele se extraia algo que se assemelhe a um pensamento unitário a respeito dos homens e do mundo. Possui o autor afinidades com o sentimento religioso em algumas de suas formas? Crê em Deus? Não crê? Ou, para tomar outro ponto repisado à exaustão, qual é a sua verdadeira posição (no teatro, não nas crônicas) em face do sexo? Está com os puritanos, que com tanta ferocidade caricaturizou? Esconde no fundo de si mesmo uma ponta de simpatia pelas condutas sexuais aberrantes, que reproduziu em cena com uma espécie de frenesi? É moralista (às avessas) ou imoralista? Materialista ou espiritualista?

Talvez tais perguntas sejam destituídas de sentido, quando endereçadas a um escritor que projeta no palco não concepções racionais mas imagens humanas entre reais e oníricas, nascidas menos da inteligência que de sua inquieta e inquietante imaginação. Ou talvez ele as contestasse, se pudesse e quisesse, alegando que, como artista, puro dramaturgo, reserva-se o direito de não optar moralmente por nenhuma de suas personagens, rejeitando-as todas e confirmando a vocação que Sábato Magaldi argutamente lhe descobriu de "realista que tem horror da realidade"[80]. Fechar-se-ia Nelson desse modo dentro daquele pessimismo absoluto que andou tentando mitigar no fim da vida, quando concedeu *happy end* a duas peças suas, uma das quais intitulou, significativamente, *O Anti-Nelson Rodrigues*.

---

80. N. RODRIGUES, *Teatro Completo*, Organização e Introduções de Sábato Magaldi, Rio, Nova Fronteira, 1985, v. III, p. 32. Ainda sobre o autor: N. RODRIGUES, *Teatro Quase Completo*, 4 v., Rio, Tempo Brasileiro, 1965, com estudos de Pompeu de Sousa, Santa Rosa, José César Borba, Pedro Dantas, Menotti Del Picchia, Carlos Castelo Branco, Sábato Magaldi, Jarbas Andréa, Paulo Mendes Campos, Hélio Pelegrino, Walmyr Ayala e Léo Gilson Ribeiro; SÁBATO MAGALDI, *Nelson Rodrigues: Dramaturgia e Encenações*, São Paulo, Perspectiva, 1987.

Para complicar ainda mais essa questão do verdadeiro Nelson Rodrigues, não se deve esquecer que ele, através de crônicas e entrevistas, terminou por plasmar uma personalidade semifictícia para si mesmo, quase já de personagem artística autônoma, da qual faziam parte o emprego humorístico do exagero e as frases de efeito para uso externo, resquícios da velha atração nacional pela *boutade* e pelo paradoxo.

Se o autor de *Vestido de Noiva*, mais de quarenta anos após a estréia da peça, continua a parecer para a maioria dos críticos e dos encenadores o mais atual dramaturgo brasileiro é certamente porque foi, entre todos, o que mais ousou, desafiando ao mesmo tempo a moral, a lógica e o decoro artístico. Ele mesmo, ainda na fase das tragédias, em 1949, classificou o seu teatro de desagradável. E indagava: "por que *peças desagradáveis*? Segundo já se disse, porque são obras pestilentas, fétidas, capazes, por si sós, de produzir o tifo e a malária na platéia". Isso em resposta a críticas da época, escritas e orais. Num dos últimos parágrafos do artigo, no entanto, reafirmava a sua posição de combate:

Continuarei trabalhando com monstros. Digo monstros, no sentido que superam a moral prática e cotidiana. Quando escrevo para o teatro, as coisas atrozes e não atrozes não me assustam. Escolho meus personagens com a maior calma e jamais os condeno. Quando se trata de operar dramaticamente, não vejo em que o bom seja melhor que o mau[81].

Apoiado por essa plataforma, evocou ele as mais variadas tonalidades do "desagradável", desde as miúdas mazelas da pele (o suor, as espinhas, as brotoejas, o eczema) até o câncer, desde as pequenas indignidades cotidianas até o incesto.

Um professor universitário francês ligado à cultura brasileira, Michel Debrun, por ocasião do falecimento de Nelson Rodrigues, assim sintetizou o sentido mais recôndito de sua obra, compreendendo nela peças e romances (publicados alguns sob pseudônimo):

O que lhe interessa, obsessivamente, é surpreender o instante de livre abandono ao escuso, ao sórdido.

81. N. RODRIGUES, "Teatro Desagradável", *Dionysos*, n. 1, Rio, Serviço Nacional de Teatro, 1949, pp. 18, 21.

E concluía:

A mediocridade e a degradação se consubstanciam numa gama rica, embora não infindável, de situações pré- ou paratrágicas, e não propriamente trágicas. Nelson Rodrigues é o Shakespeare dessa mediocridade. O que não quer dizer um medíocre Shakespeare[82].

O seu prestígio junto ao teatro não está longe de comparar-se, por certos lados, ao de Oswald de Andrade (que aliás, nunca o tolerou como dramaturgo) em relação à literatura em geral. São, no momento, dois dos nossos mais eminentes "monstros sagrados" da iconoclastia. Símbolos, como tal, da modernidade.

Num derradeiro olhar lançado sobre o passado, na tentativa de apreender o essencial, o que mais ressalta é a nossa dependência em relação às idéias e aos sistemas estéticos estrangeiros, não obstante as ilusões louvavelmente patrióticas dos que reduzem a nossa história cultural recente a uma luta entre o nacionalismo (o protagonista) e o internacionalismo (o detestável antagonista). Se já eram europeus, franceses ou portugueses, os envelhecidos padrões vigentes no Brasil em 1930, ainda estribados sobre a primazia da comédia ligeira enquanto diversão popular e do primeiro ator enquanto razão de ser do espetáculo, também o foram todos os movimentos surgidos após 1940. Basta conferir os nomes tutelares que se sucederam com tanta celeridade: Copeau, Stanislávski, na fase estetizante e universalizante; Piscator, Brecht, com o teatro de inclinação esquerdista e nacionalista; Artaud, Grotowski, nos anos próximos, tentados por valores místicos e comunitários. A diferença é que o pensamento europeu às vezes nos impele para as nossas peculiaridades históricas, insistindo sobre o caráter social e engajado da arte; outras vezes nos lança à busca de formas menos passageiras, transcendentes ao espaço e ao tempo, seja a da religiosidade difusa, seja a da pureza estética. Todas essas posições, de resto, a primeira talvez mais comodamente que as outras duas, cabem no âmbito mal delimitado do nosso modernismo, que sempre se definiu mais negativamente, pelo simples repúdio ao passado.

82. M. DEBRUN, "O Shakespeare de Nossa Mediocridade", *Isto É*, São Paulo, 14.05.1980, p. 37.

A última e a mais radical dessas mensagens recebidas da Europa, a de Antonin Artaud, se significou por um lado a culminação de um processo histórico que remonta a Max Reinhardt e a Gordon Craig, momento em que principia a ascensão do encenador, por outro, ao inspirar-se nas danças primitivas balinenses, conduziu o teatro a um beco sem saída, ao menos enquanto não adequarmos economicamente o universo aos nossos propósitos artísticos, negando ao palco o caráter profano e profissional. Na prática, não se pode dizer que o mundo tenha vindo abaixo: quase tudo, na verdade, continuou como antes. Mas no plano da consciência estética o choque foi tremendo, abalando, não se sabe se para sempre, a confiança que todos depositavam no teatro tal como se fora constituindo através dos séculos. Confiança, aliás, concedida inclusive por Brecht, que desejava alargar e diversificar a tradição aristotélica, não desfazer mais de dois mil anos de história. Em suma, o teatro atual – e o teatro brasileiro nesse contexto – não parece capaz nem de esquecer, nem de realizar os altíssimos desígnios imaginados por Artaud. O tremor de terra passou, mas ainda não retornou o antigo sentimento de segurança.

Com isso chegamos às frustrações do presente. A crise, é bom que se repita, não se explica pela penúria de talentos individuais, por um súbito e incompreensível esmorecimento da inspiração. A experiência individual passa misteriosamente de geração a geração, mesmo quando os filhos pensam desmentir os pais. Quatro decênios não decorreram em vão e os que se iniciam no teatro em 1980 fazem-no em outro nível de conhecimento, em comparação com o zero quase absoluto de 1940. Para ficar apenas entre os encenadores, podemos citar, além das referidas anteriormente, personalidades tão marcantes, pela competência profissional ou pelo espírito de aventura, quanto as de Sérgio Brito, Fernando Peixoto, Fauzi Arap (também autor), Cecil Thiré, Amir Haddad, Antônio Abujamra (e deixamos de propósito para os historiadores vindouros os que estão despontando agora, alguns já com grande originalidade).

Também quantitativamente, não empobrecemos. Só na cidade de São Paulo, sobre a qual possuímos dados à mão, realizaram-se, em 1981, "104 espetáculos profissionais regulares, com temporadas que variaram de uma semana a dez meses, e 108 espetáculos amadores, de escolas de teatro, grupos alternativos, companhias estrangeiras, num total de 212 encenações". Clóvis Garcia, que nos dá essas reconfortantes informações, comenta, entretanto:

> O aumento dos espetáculos de amadores e grupos alternativos, e mesmo de espetáculos profissionais, parece representar não um crescimento do teatro, mas uma pulverização dos grupos (...). Todo mundo quer realizar o *seu* espetáculo e para isso se improvisam conjuntos, quase sempre com uma só montagem e, na maioria das vezes, com resultados inexpressivos[83].

A multiplicação pode ser vista, portanto, também como divisão: teatrinhos cada vez menores, textos de um ou dois atores, produção pobre, público reduzido etc. Se nos tempos heróicos do amadorismo teatral, sofremos, conforme ficou consignado, de um certo complexo de inferioridade que nos inibia de escrever ou dirigir peças, esmagados que estávamos pela superioridade estrangeira, encontramo-nos ao que tudo indica na situação inversa. À medida que cresce o culto da chamada criatividade (a idéia de que qualquer um, vencidos os seus bloqueios, é capaz de dar origem a uma obra de arte, ainda que modesta, valendo mais esse desenvolvimento da personalidade que considerações de ordem técnica ou estética), alarga-se o círculo de pessoas que se julgam habilitadas a tentar o teatro. Se a questão é de espontaneidade, de liberação de impulsos, não de vocação ou de aprendizado, por que não eu?

Ainda uma vez, o que inexiste para disciplinar esta possivelmente benéfica democratização da cultura, convertendo a quantidade em qualidade, é uma doutrina central, um padrão de julgamento (que tornava outrora a crítica tão mais fácil), uma visão unitária a respeito da natureza e da função do teatro, que possa aglutinar e

---

83. C. GARCIA, "A Intensa Atividade Teatral e a Diluição do Espectador", *O Estado de São Paulo*, 24.12.1981.

organizar o esforço coletivo. Sempre que tivemos tal apoio teórico e prático, desde Os Comediantes até o Oficina, tudo caminhou razoavelmente bem. Esgotada a vanguarda, que se autodevorou no afã de ir sempre adiante, de considerar transitórias todas as verdades (a filosofia já nos devia ter ensinado que a dúvida, uma vez posta em marcha, não há dogmatismo que a faça parar), estacamos no deserto, desorientados, cansados de mudar constantemente de rumo, à espera do guia ou do profeta que nos ajude a atravessá-lo. Depois de Brecht e Artaud – quem?

Enquanto aguardamos, uma dúvida insidiosa infiltra-se em nosso espírito. Renascerá o teatro sob formas ainda inimagináveis, como tantas vezes sucedeu, ou morrerá, havendo cumprido honrosamente o seu destino histórico? Terá terminado o ciclo da obra de arte como fenômeno insuscetível de ser reproduzido mecanicamente, com a sua aura de fato único, tão bem descrita por Walter Benjamim? Caberá o futuro, no que tange às artes do espetáculo, ao cinema, à televisão, ao *video-tape*, ao *video-cassete*, produtos de uma revolução tecnológica que se acelera e cujos resultados não conseguimos sequer conjeturar? Não temos dúvidas sobre o lado para o qual pendem as nossas preferências e as nossas esperanças. Mas não nos sentimos obrigados a responder a tão desagradáveis perguntas. Felizmente, quando começam as projeções sobre o que virá, cessam as atribuições e a responsabilidade do historiador.

BIBLIOGRAFIA CRÍTICA COMPLEMENTAR

ALMEIDA PRADO, Décio de. *Apresentação do Teatro Brasileiro Moderno. Crítica Teatral (1947-1955)*. São Paulo, Martins, 1956.

——————. *Teatro em Progresso. Crítica Teatral (1955-1964)*. São Paulo, Martins, 1964.

——————. *Procópio Ferreira*. São Paulo, Brasiliense, 1984.

——————. *Exercício Findo. Crítica Teatral (1964-1968)*. São Paulo, Perspectiva, 1987.

ARRABAL, José; ALVES DE LIMA, Mariângela & PACHECO, Tânia. *Anos 70. 3-Teatro*. Rio de Janeiro, Europa, 1979-1980.

ÁVILA, Affonso (org.). *O Modernismo*. São Paulo, Perspectiva, 1975.

BARRETO LEITE, Luiza. *Teatro e Criatividade*. Rio de Janeiro, Serviço Nacional de Teatro, 1975.

BARROS DE ALMEIDA, Maria Inês. *Panorama Visto do Rio – Companhia Tonia-Celi-Autran*. Rio de Janeiro, Inacen, 1987.

——————. *Panorama Visto do Rio – Teatro Cacilda Becker*. Rio de Janeiro, Inacen, 1987.

BOAL, Augusto. *Teatro do Oprimido*. Rio de Janeiro, Civilização Brasileira, 1975.

————. *Técnicas Latino-Americanas de Teatro Popular*. São Paulo, Hucitec, 1979.

————. *200 Exercícios e Jogos para o Ator*. 3. ed., Rio de Janeiro, Civilização Brasileira, 1980.

————. *Stop: C'est Magique!* Rio de Janeiro, Civilização Brasileira, 1980.

BORBA FILHO, Hermilo. *Diálogo do Encenador*. Recife, Imprensa Universitária, 1964.

BORNHEIM, Gerd A. *Teatro: A Cena Dividida*. Porto Alegre, L.P.M., 1983.

CACCIAGLIA, Mario. *Pequena História do Teatro no Brasil*. São Paulo, T. A. Queiroz, 1986.

CARLOS MAGNO, Orlanda. *Pequena História do Teatro Duse*. Rio de Janeiro, Serviço Nacional de Teatro, 1973.

CARLOS MAGNO, Pascoal. *Depoimento Pessoal*. Fortaleza, Universidade Federal do Ceará, 1980.

Cenografia e Indumentária no TBC. Organização de J. A. Ferrara e J. C. Serroni, São Paulo, Secretaria de Estado da Cultura, 1980.

Ciclo de Debates do Teatro Casa Grande. Rio de Janeiro, Inubia, 1976.

COELHO, Tânia (entrevistadora). *A Vida de Fernanda Montenegro* (Depoimento). Rio de Janeiro, Editora Rio, s/d.

Depoimentos (v. I-VI). Rio de Janeiro, Serviço Nacional de Teatro, 1976-1982.

Escola de Arte Dramática. 48-68. São Paulo, Secretaria de Estado da Cultura, 1985.

FERNANDES, Nanci & VARGAS, Maria Thereza (org.). *Uma Atriz: Cacilda Becker*. São Paulo, Perspectiva, 1984.

FERNANDES, Rofran. *Teatro Ruth Escobar – 20 Anos de Resistência*. São Paulo, Global, 1985.

FONSECA PIMENTEL A. *O Teatro de Nelson Rodrigues*. Rio de Janeiro, Margem, 1951.

GARCÍA-GUILLÉN, Mario. *Falando de Teatro*. São Paulo, Loyola, 1978.

GEORGE, David. *Teatro e Antropofagia*. São Paulo, Global, 1985.

GUIMARÃES, Carmelinda. *Um Ato de Resistência (O Teatro de Oduvaldo Vianna Filho)*. São Paulo, MG, 1984.

Imagens do Teatro Paulista. Organização de Mariângela Alves de Lima. São Paulo, Imprensa Oficial do Estado, 1985.

JACOBBI, Ruggero. *Teatro in Brasile*. Bolonha (Itália), Capelli, 1961.

KHÉDE, Sonia Salomão. *Censores de Pincenê e Gravata*. Rio de Janeiro, Codecri, 1981.

KHOURY, Simon (entrevistador). *Atrás da Máscara* (Depoimentos). Rio de Janeiro, Civilização Brasileira, 1983.

KÜHNER, Maria Helena. *Teatro em Tempo de Síntese*. Rio de Janeiro, Paz e Terra, 1971.

————. *Teatro Popular: Uma Experiência*. Rio de Janeiro, Francisco Alves, 1975.

LINS, Álvaro. *Sagas Literárias e Teatro Moderno no Brasil.* Rio de Janeiro, Ouro, 1967.

MAGALDI, Sábato. *Panorama do Teatro Brasileiro.* 2. ed., Rio de Janeiro, Serviço Nacional de Teatro, s/d.

――――. *Um Palco Brasileiro: o Arena de São Paulo.* São Paulo, Brasiliense, 1984.

――――. *Iniciação ao Teatro.* 2. ed., São Paulo, Ática, 1985.

MICHALSKI, Yan. *O Palco Amordaçado.* Rio de Janeiro, Avenir, 1979.

――――. *O Teatro Sob Pressão.* Rio de Janeiro, Jorge Zahar, 1985.

Monografias (5 v.). Rio de Janeiro, Serviço Nacional de Teatro, 1977-1983.

MOSTAÇO, Edelcio. *Teatro e Política: Arena, Oficina e Opinião.* São Paulo, Proposta, 1982.

――――. *O Espetáculo Autoritário.* São Paulo, Proposta, 1983.

NASCIMENTO, Abdias do. *Dramas para Negros e Prólogo para Brancos.* Rio de Janeiro, Teatro Experimental do Negro, 1961.

PALLOTTINI, Renata. *Introdução à Dramaturgia.* São Paulo, Brasiliense, 1983.

PEIXOTO, Fernando. *Teatro em Pedaços.* São Paulo, Hucitec, 1980.

――――. *Teatro Oficina (1958-1982).* São Paulo, Brasiliense, 1982.

――――. *Teatro em Movimento.* 2. ed., São Paulo, Hucitec, 1986.

RODRIGUES, Nelson. *Memórias.* Rio de Janeiro, Correio da Manhã, 1967.

――――. *O Reacionário – Memórias e Confissões.* Rio de Janeiro, Record, 1977.

RODRIGUES, Stella. *Nelson Rodrigues, Meu Irmão.* Rio de Janeiro, José Olympio, 1986.

ROSENFELD, Anatol. *Texto-Contexto.* São Paulo, Perspectiva, 1969.

――――. *O Mito e o Herói no Moderno Teatro Brasileiro.* São Paulo, Perspectiva, 1982.

SILVEIRA, Miroel. *A Outra Crítica.* São Paulo, Símbolo, 1976.

――――. *A Contribuição Italiana ao Teatro Brasileiro.* São Paulo, Quíron, 1976.

Teatro Experimental do Negro (Testemunhos). Rio de Janeiro, G.R.D., 1966.

VIANNA, Deocélia. *Companheiros de Viagem.* São Paulo, Brasiliense, 1984.

VIANNA FILHO, Oduvaldo. *Vianinha (artigos, entrevistas, textos).* Organização de Fernando Peixoto, São Paulo, Brasiliense, 1983.

VIEIRA, César. *Em Busca de um Teatro Popular.* 3. ed., Santos, Confenata, 1981.

VOGT, Carlos & WALDMAN, Berta. *Nelson Rodrigues.* São Paulo, Brasiliense, 1985.

ÍNDICE ONOMÁSTICO

Aboim, Aurora: 36
Abranches, Adelina: 35
Abujamra, Antônio: 138
Achard, Marcel: 28
Aguiar: Flavio: 108(n)
Albee, Edward: 104
Albuquerque, Ivan de: 117
Alencar, José: 110
Alfieri, V.: 59
Almeida, Abílio Pereira de: 55, 56, 66
Amado, Jorge: 24, 79
Amaral, Maria Adelaide: 123
Andrade, Carlos Drummond de: 41
Andrade, Jorge: 58, 61, 91, 92, 93, 94, 95, 96, 127
Andrade, Mario: 10, 28, 32, 37, 130
Andrade, Oswald: 28, 29, 30, 31, 32, 33, 37, 112, 113, 114, 137
Andréa, Jarbas: 135(n)
Anouilh, J.: 44

Antoine, A.: 38
Antunes Filho: 77, 130
Arap, Fauzi: 138
Artaud, Antonin: 102, 114, 116, 137, 138, 140
Arrabal, F.: 105, 110, 117, 124
Aslan, O.; 86(n)
Assis, Francisco de: 78, 118
Assumpção, Leilah: 104, 105
Athayde, Roberto: 105
Autran, Paulo: 45, 50
Ayala, Walmyr: 135(n)
Azevedo, Arthur: 35
Azevedo, Odilon: 34

Balzac, H.: 59
Bandeira, Manuel: 41
Barros, Fernando: 50
Bastos, Palmira: 35
Batista, Pe. Cícero Romão: 86, 98
Beaumarchais: 59
Becker, Cacilda: 45

145

Beckett, Samuel: 105, 108
Benedetti, Lúcia: 124
Benjamin, Walter: 140
Bethania, Maria: 120
Bethencourt, João: 121, 123
Betti, Paulo: 129
Betti, Ugo: 59
Bivar, Antônio: 104
Bloch, Pedro: 56, 57
Boal, Augusto: 61, 62, 63, 64, 66, 69, 70, 71(n), 72, 73, 74, 75, 76, 79, 119, 120, 126
Bollini, Flaminio: 44, 45, 78
Borba Filho, Hermilo: 61, 78, 79, 84
Borba, José César: 135(n)
Borges, José Carlos Cavalcanti: 84
Brecht, Bertolt: 45, 67, 70, 72, 73, 75, 77, 89, 91, 116, 119, 137, 138, 140
Brito, Sérgio: 45, 138
Brook, Peter: 115, 133
Buñuel, Luis: 110
Byron, Lord: 31

Cabral, Sadi: 48
Callado, A.: 91, 98
Calvo, Aldo: 11
Câmara, Isabel: 104
Camargo, Joracy: 22, 23, 25, 28, 29, 48
Campos, Cláudia Arruda: 77(n)
Campos, Paulo Mendes: 135(n)
Camus, Albert: 49, 124
Cândido, Antonio: 96
Cardoso, Sérgio: 41, 45
Cardozo, Joaquim: 84
Carrero, Tônia: 45, 50
Casé, Regina: 130
Castelo Branco, Carlos: 135(n)
Castro, Consuelo de: 104
Castro, Domitila de: 34
Cearense, Catulo da Paixão: 128
Celi, Adolfo: 44
Cendrars, Blaise: 50
César, Guilhermino: 108
Chaby: 35
Chaves Neto, João Ribeiro: 127
Chagas, Walmor: 45
Chalaça: 34
Chen, Ari: 105
Chesterton, G. K.: 81
Claudel, P.: 59
Conrado, Aldomar: 84

Copeau, J.: 47, 137
Corrêa, José Celso Martinez: 112, 113, 114, 116, 119
Corrêa, Rubens: 117
Correa, Viriato: 34, 65
Cortez, Raul: 45
Costa, Cláudio Manoel da: 76
Costa, Jaime: 21, 34, 48
Costa, Tulio: 11
Coward, Noel: 44
Craig, Gordon: 138
Cunha, Alves da: 35

Dantas, Pedro: 135(n)
D'Aversa, Alberto: 11, 44
Debrun, Michel: 136, 137(n)
Della Costa, Maria: 45
Dória, Gustavo: 11, 28(n), 43(n)
Dostoiévski, F.: 91
Duarte, Anselmo: 87
Durães, Manoel: 36

Engels, F.: 31
Escobar, Ruth: 117
Ésquilo: 51
Esslin, Martim: 109
Eurípedes: 51

Falk, Rossela: 59
Fernandes, Millôr: 121, 122
Ferreira, Procópio: 21, 22, 23, 36, 37, 38, 48, 86, 87
Feydeau, G.: 59
Figueiredo, Guilherme de: 50, 51, 57, 58
Fonseca, Rubem: 130
Fornari, Ernani: 34, 35(n)
Fraga, Eudinyr: 108(n)
Francis, Paulo: 91
Freire, Roberto: 77
Freud, Sigmund: 24, 29, 30, 36, 50
Freyre, Gilberto: 41
Fróes, Leopoldo: 19, 21, 36, 42

Garbo, Greta: 122
Garcia, Clovis: 11, 139
García, Victor: 117
Garrido, Alda: 56
Gauguin, P.: 114
Genet, Jean: 117
Ghelderode, M. de: 59, 108, 124
Giraudoux, J.: 42, 50
Goethe, J. W. von: 51
Goldoni, C.: 44, 59, 124

146

Gomes, Dias: 61, 86, 88-90, 120
Gomes, Elza: 36
Gonçalves, Delmiro: 96
Gonçalves, Milton: 68
Gonzaga, Tomás Antônio: 76
Gonzaga, Armando: 14
Gorki, Máximo: 44, 112
Grotowski, J.: 115, 137
Guarnieri, Anamaria: 59
Guarnieri, Gianfrancesco: 45, 61, 63, 65, 68, 70, 71, 76(n), 77, 79, 97, 98, 120, 127, 128
Gullar, Ferreira: 120
Guzik, Alberto: 44(n)

Haddad, Amir: 138
Harnisch, Hoffmann: 41
Heliodora, Bárbara: 11
Henrique Oscar: 11
Holanda, Chico Buarque de: 126
Hugo, Victor: 59

Ibsen, H.: 69, 91, 94
Iglezias, Luiz: 18, 20, 36
Ionesco, E.: 105, 108, 109

Jacobbi, Ruggero: 11, 44
Jardel Filho: 45
Jarry, A.: 108
Jonson, Ben: 44
João do Rio: 25
José Américo: 79
José Renato: 62, 63, 128
Jouvet, Louis: 42

Kubitschek, Juscelino: 56
Kusnet, Eugenio: 48

Lawrence, D. H.: 111
Le Bargy: 21
Licia, Nydia: 45
Lima, Mariangela Alves de: 77
Linguanotto, Daniel: 22(n)
Lins, Álvaro: 41
Lins, Osman: 84, 96
Lins, Ronaldo Lima: 134
Lobo, Edu: 71(n)
Lorca, F. G.: 42, 50, 78, 79
Louis-Philipe: 56
Loureiro, José: 35
Lullo, Giorgio de: 59

Macedo, J. M.: 35

Machado, Antônio de Alcântara: 14, 27, 35, 60
Machado, Lourival Gomes: 96
Machado, Maria Clara: 124
Magaldi, Sábato: 11, 31(n), 91, 96, 135
Magalhães Jr., R.: 21, 34, 51
Magno, Pachoal Carlos: 11, 39, 40(n)
Maia, Abgail: 36
Maiakóvski, V.: 31
Maquiavel, N.: 65
Marcos, Plínio: 103, 104
Marinho, Luís: 84
Marivaux, P.: 59
Marx, Karl: 22, 24, 29, 31, 36, 77, 99
Martins, Carlos Estevam: 99(n)
Maugham, Somerset: 42
Mayer, Rodolfo: 57
Melo Neto, João Cabral: 84, 85
Melo, Fernando: 122
Mendonça, Paulo: 11
Mesquita, Alfredo: 39, 40(n)
Meyer, M.: 86(n)
Michalski, Yan: 91, 124
Migliaccio, Flavio: 68(n), 77
Miller, Arthur: 44, 49, 59, 91, 94, 127
Miranda, Edgard da Rocha: 105
Molière: 17, 59, 65, 124
Montenegro, Fernanda: 45, 121
Montherlant, H.: 59
Morais, Atila de: 42
Morais, Conchita de: 42
Morais, Dulcina de: 34, 42, 43, 116
Moreyra, Alvaro: 27, 28, 29, 38, 43
Morineau, Henriette: 42, 119
Morse, Richard: 96
Muniz, Lauro César: 127
Murtinho, Kalma: 124

Nanini, Marco: 130
Neves, João das: 120
Nobre, Sara: 36
Nunes, Celso: 117

Ogawa, F. M.: 20(n)
Oliveira, Domingos de: 123
Oliveira, Juca de: 45
Oliveira, Pernambuco de: 11
Oliveira, Waldemar de: 78
O'Neill, Eugene: 38, 41, 50, 51, 52, 91, 94

147

Orwell, George: 31

Pedreira, Brutus: 39
Peixoto, Alvarenga: 76
Peixoto, F.: 72(n), 138
Pelegrino, Hélio: 135(n)
Pena, L. C. Martins: 106
Pera, Abel: 36
Pera, Manoel: 36
Pera, Marflia: 105
Pereira, Hamilton Vaz: 130
Picchia, Menotti Del: 135(n)
Pinter, H.: 105
Pinto, Apolônia: 36
Pirandello, L.: 44, 59
Piscator, E.: 73, 96, 137
Plauto: 82
Polloni, Sandro: 45
Pongetti, Henrique: 50
Pontes, Joel: 61(n)
Pontes, Paulo: 126
Popesco, Elvire: 42
Prado, Decio de Almeida: 63(n)

Qorpo-Santo (José Joaquim de Campos Leão): 106, 107, 108
Queiroz, Rachel de: 79(n)

Racine, J.: 51
Rangel, Flavio: 77, 91
Ratto, Gianni: 11, 44
Rego, José Lins do: 41, 79
Reinhardt, Max: 138
Reis, Joaquim Silvério dos: 76
Ribeiro, Léo Gilson: 135(n)
Rimbaud: 114
Rodrigues, Nelson: 40, 41, 51, 52, 53, 60, 66, 108, 109, 110, 111, 130, 131, 132, 133, 134, 135, 136, 137
Rosas, Armando: 36
Rosenfeld, A.: 90, 96(n), 104, 105
Ruzzante: 59

Salce, Luciano: 44
Santa Rosa, Tomás: 11, 39, 135(n)
Santos, Hortência: 36
Santos, João Felfcio dos: 71(n)
Sartre, J.-P.: 49, 50, 63
Saroyan, William: 44
Schiller, F.: 44
Shakespeare, W.: 41, 51, 59, 124, 137

Shaw, Bernard: 42, 50
Silva, Armando Sérgio da: 116(n)
Silva, Eurico: 36
Silva, Francisco Pereira da: 84
Silveira, Miroel: 11
Silveira Sampaio: 53, 54, 55, 56, 60, 66, 122
Siqueira, Silnei: 86
Soares, Aristóteles: 84
Soffredini, Carlos Alberto: 129
Sófocles: 44, 51, 91
Sousa, Martim Afonso de: 92
Souza, Modesto de: 48
Souza, Naum Alves de: 123
Souza, Pompeu de: 135(n)
Staiger, Emil: 87, 88(n)
Stanislávski, C.: 38, 47, 63, 73, 137
Strehler, Giorgio: 67
Strindberg, A.: 44
Suassuna, Ariano: 61, 79, 80, 81, 83, 84, 85

Tchekhov, A. P.: 68, 91
Teles, Carlos Queiros: 117
Tereza Rachel: 45
Thiériot, Jacques: 130
Thiré, Cecil: 138
Timberg, Natália: 45
Tojeiro, Gastão: 14
Torloni, Geraldo Mateus: 63(n)
Torres, Fernando: 45, 121
Trevisan, Dalton: 130

Vaccarini, Bassano: 11
Valli, Romolo: 59
Vaneau, Maurice: 44, 58
Van Gogh, V.: 114
Vargas, Getúlio: 55, 56
Vega, Lope de: 65, 67
Verlaine, P.: 114
Verneuil, Louis: 42
Vian, B.: 108
Vianna, Renato: 24, 25, 26
Vianna, Oduvaldo: 25, 26, 65, 86
Vianna Filho, Oduvaldo: 61, 63, 68, 79, 100, 120, 127, 128
Vicente, Gil: 82, 104
Victorino, Eduardo: 17
Vieira, Eduardo: 17
Vilar, Jean: 59
Villar, Léo: 45

Wilde, Oscar: 44, 122
Wilker, José: 117
Williams, Tennessee: 42, 49, 91

Yaconis, Cleide: 45

Zampari, Franco: 43, 45, 62
Ziembinski, Zbigniew: 40, 41, 42, 44, 50, 78
Zola, Emile: 49, 68

A Perspectiva de Décio de Almeida Prado

A Personagem de Ficção (D001)
Exercício Findo (D199)
O Teatro Brasileiro Moderno (D211)
Teatro de Alencar a Anchieta (D261)
O Drama Romântico Brasileiro (D273)
João Caetano (E011)
Apresentação do Teatro Brasileiro Moderno (E172)
Teatro em Progresso (E185)

Impresso na cidade de Cotia,
nas oficinas da Meta Brasil,
para a Editora Perspectiva.